Quick Guide

Reihe herausgegeben von
Springer Fachmedien Wiesbaden,
Wiesbaden, Deutschland

T0349881

Quick Guides liefern schnell erschließbares, kompaktes und umsetzungs-orientiertes Wissen. Leser erhalten mit den Quick Guides verlässliche Fachinformationen, um mitreden, fundiert entscheiden und direkt handeln zu können.

Vincent Sünderhauf

Quick Guide Online-Reputation in IPO-Prozessen

Wie Sie Ihren guten Ruf rund um den Börsengang sichern

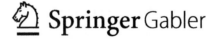

Vincent Sünderhauf
seosupport GmbH
Berlin, Deutschland

ISSN 2662-9240   ISSN 2662-9259 (electronic)
Quick Guide
ISBN 978-3-658-37416-7   ISBN 978-3-658-37417-4 (eBook)
https://doi.org/10.1007/978-3-658-37417-4

Die Deutsche Nationalbibliothek verzeichnet diese Publikation in der Deutschen Nationalbibliografie;
detaillierte bibliografische Daten sind im Internet über http://dnb.d-nb.de abrufbar.

Springer Gabler

Planung/Lektorat: Imke Sander
Springer Gabler ist ein Imprint der eingetragenen Gesellschaft Springer Fachmedien Wiesbaden GmbH
und ist ein Teil von Springer Nature.
Die Anschrift der Gesellschaft ist: Abraham-Lincoln-Str. 46, 65189 Wiesbaden, Germany

Vorwort

Niemand würde sein Geld einem Händler überweisen, der den Ruf hat, dieses einzustecken, ohne die versprochene Ware zu senden. Reputation ist gerade bei börsennotierten Unternehmen ein wesentlicher Erfolgsfaktor, der sich auch in Gewinne umrechnen lässt. Reputation bildet sich auch ohne das Zutun eines Unternehmens – in Bewertungen, Medien- und Presseberichten oder über die Social-Media-Kanäle. Als CEO haben Sie die Wahl, ob Sie diese Reputation aktiv steuern oder lediglich reagieren wollen auf das, was ohnehin über Sie gesprochen wird.

Unternehmen, die IPOs (Initial Public Offerings) durchführen, sind besonderen Reputationsrisiken ausgesetzt, auf die ich in diesem Buch im Speziellen eingehen möchte. Sie sind präsenter in der öffentlichen Wahrnehmung und daher auch stärker einer öffentlichen Meinungsäußerung ausgesetzt. Umso wichtiger ist es, diese Risiken zu kennen, um gezielt Argumente entgegenzusetzen.

Sie erfahren hier, warum ein professionelles Reputationsmanagement gerade im Rahmen von IPOs so wichtig ist und welche Möglichkeiten es gibt, die Unternehmensreputation in dieser Phase aktiv zu steuern. Final wird es auch darum gehen, was getan werden kann, wenn Ihre Reputation Schaden genommen hat und was bei einem guten Krisenmanagement wichtig ist.

Ihr Vincent Sünderhauf

Hinweis zur Gender-Regelung
Ich verwende aus Gründen der Lesbarkeit generell die männliche Form,
spreche aber selbstverständlich mit jeder Zeile alle Leser und Leserinnen
dieses Buches an.

Inhaltsverzeichnis

Über den Autor

Vincent Sünderhauf leitet seit 2006 den Digital-Dienstleister seosupport mit Agenturstandorten in Berlin und München. Zu den Kunden gehören Unternehmen im KMU-Bereich, Fortune-500-Firmen und führende DAX-Konzerne bis hin zu internationalen Großunternehmen. Mit dem Ziel digitale Vermarktungsstrategien für webbasierten Verkauf in die jeweilige Firmenkultur zu integrieren, berät er mit seinem 40-köpfigem Team Kunden dabei, mehr Umsatz über das Internet zu generieren und ihre Markenbekanntheit zu erhöhen. Sünderhauf ist Experte für Suchmaschinenoptimierung, Online-Reputation, Employer Branding, Performance Marketing und digitale Unternehmenspositionierung. Er hält Vorträge für zahlreiche Organisationen sowie Unternehmen und ist als Online-Marketing-Pionier der ersten Stunde einer der versiertesten Branchenexperten deutschlandweit. Zudem unterstützt er als Lehrbeauftragter bei universitären Veranstaltungen und Vorlesungen angehende Online-Marketer. Als Co-Gründer und Business Angel ist er an verschiedenen Start-ups und Unternehmen beteiligt.

1

Reputation bei IPO-Vorhaben: Die Grundlagen

Was Sie aus diesem Kapitel mitnehmen

- Was Reputation für Unternehmen in IPO-Phasen eigentlich bedeutet
- Auf welche Herausforderungen sich Unternehmen im Rahmen von IPOs einstellen müssen
- Welche Risiken es für die Reputation gibt

Die Gründe, warum ein Unternehmen an die Börse gehen möchte, sind vielseitig. Oftmals steckt im Rahmen von IPOs (Initial Public Offerings) ein Expansionswunsch dahinter, manchmal sollen aber auch Schulden reduziert oder hoch qualifizierte Mitarbeiter gewonnen werden. Zudem ermöglicht eine Börsennotierung, stärker in der Öffentlichkeit aufzutreten und auf diesem Wege neue Kunden und Zielgruppen auf sich aufmerksam zu machen. Zudem kann durch einen erfolgreichen IPO-Prozess die Reputation des Unternehmens verbessert werden, denn der Börsengang bringt automatisch einen Vertrauensvorteil mit sich. Auf der anderen Seite birgt es auch entscheidende Risiken, wenn plötzlich das öffentliche Interesse zunimmt und damit auch so manch ein Finger in

© Der/die Autor(en), exklusiv lizenziert an Springer Fachmedien Wiesbaden GmbH, ein Teil von Springer Nature 2022
V. Sünderhauf, *Quick Guide Online-Reputation in IPO-Prozessen*, Quick Guide, https://doi.org/10.1007/978-3-658-37417-4_1

eine offene Wunde gelegt wird. Daher möchte ich Sie an dieser Stelle mit dem Thema der Reputation und den wichtigsten Grundlagen vertraut machen.

1.1 Reputation: Der Versuch einer Definition

Auf die Frage, was Reputation eigentlich ist, würde eine vollständige Definition an dieser Stelle den Rahmen sprengen. Daher möchte ich mich hier auf das Wesentliche konzentrieren und nur die Aspekte nennen, die für das vorliegende Buch relevant sind.

An was denken Sie – ganz spontan – wenn Sie den Firmennamen „Nestlé" hören? Mir persönlich kommen sofort Bilder ausgetrockneter Brunnen und abgeholzter Wälder in den Sinn, denn die Skandale der letzten Jahre haben tiefe Furchen in die Reputation des Unternehmens geschlagen. Kampagnen von Greenpeace und Filme wie „Bottled Life" haben einen erheblichen Reputationsschaden angerichtet.

Reputation ist im Grunde genommen die Gesamtheit von alldem, was über Ihr Unternehmen gesprochen, geschrieben und verbreitet wird. Nahezu alle Informationen wirken sich auf die Reputation aus, weil sie immer entweder einen positiven oder einen negativen Anklang habe. Erscheint ein Pressebericht darüber, wie ressourcenschonend Sie Ihre Produktion aufgestellt haben, dann bekommen Sie Pluspunkte für Ihre Reputation. Steht in einem Bericht, dass Sie durch Wasserprivatisierung Menschen in der dritten Welt die Lebensgrundlage wegnehmen, dann fördert dies natürlich nicht.

Die Globalisierung und die Digitalisierung bringt es mit sich, dass Reputation heute vorwiegend online gebildet wird. Jede Information kann sich in Sekundenschnelle über den Kontinent verbreiten. Hinzu kommt der Umstand, dass zumindest in Europa nahezu jeder Mensch ein internet- und kamerafähiges Smartphone besitzt, mit dem er dokumentarisch tätig werden kann. Reputation wird überall dort gebildet, wo Informationen verbreitet und Meinungen geäußert werden – in Medien- und Presseberichten, in sozialen Netzwerken, auf Videoplattformen oder auch in persönlichen Gesprächen.

Reputation ist vor allem eng mit dem Thema Vertrauen verbunden. Denn hat ein Unternehmen eine gute Reputation, haben Kunden auch Vertrauen in dessen Angebote und Leistungen. Was an dieser Stelle noch deutlich werden muss, ist der Aspekt, dass Reputation automatisch entsteht – also auch dann, wenn Sie nicht aktiv eingreifen oder das Thema bislang noch weiter unten auf der Agenda hatten. Der Unterschied ist der, dass Sie – wenn Sie passiv bleiben – nur noch reagieren können. Die Pflege eines guten Rufes verlangt ein aktives Eingreifen von Seiten der Unternehmen, damit sie nicht in die passive Rolle gedrängt werden.

1.2   Wie entsteht Reputation eigentlich?

Reputation setzt sich immer aus zwei Komponenten zusammen: Der kognitiven – also dem, was jemand über ein Unternehmen weiß – und der emotionalen, also welche Gefühle er mit einem Unternehmen verbindet. Diese beiden Komponenten liegen meistens dicht beieinander, denn wenn ein Verbraucher einen faktensicheren Bericht über Öl-Verschmutzungen in den Weltmeeren hört, dann verschlechtert sich nicht nur die kognitive Komponente, sondern auch die emotionale.

Reputation ist niemals die Meinung eines einzelnen, sondern es handelt sich vielmehr um eine kollektive Meinung. Dieses Urteil entsteht wieder durch zwei verschiedene Ereignisse:

* **Organisches Reputationswachstum**
  Die Reputation eines Unternehmens kann schrittweise wachsen, indem zum Beispiel Kunden über einen längeren Zeitraum hinweg positive Erfahrungen machen und in einschlägigen Portalen darüber berichten. Hinzu kommen Produktbewertungen mit positiven Urteilen, Weiterempfehlungen der Produkte in den sozialen Netzwerken etc. All dies zahlt auf das Reputationskonto ein und sorgt für ein organisches Wachstum. Gut zu wissen: das Ganze funktioniert auch in die andere Richtung. Lässt die Qualität eines Produktes oder einer Leistung schrittweise nach, fehlen Innovationen etc., dann kann sich eine gute auch über die Zeit in eine schlechte Reputation verwandeln.

- **Ereignisbezogenes Reputationswachstum**
  Manchmal kann sich die Reputation auch schlagartig verändern. Ein Skandal kann zum Beispiel die Reputation schlagartig in den Keller schicken. Auf der anderen Seite kann auch eine positive Aktion die Stimmung heben. Hier genügt zum Beispiel, wenn ein neuer CEO ins Unternehmen kommt, der keinen guten Ruf hat oder – wie im Dieselskandal – die Aufdeckung einer großen Betrugsmasche.

Die Entwicklung der Reputation kann man sich wie einen Fluss vorstellen. Irgendwo gibt es eine Quelle, aus der später ein reißender Fluss wird, der immer nur in eine Richtung führt. In der Regel gibt es eine Meinung, die von verschiedenen Seiten weiter verstärkt wird. Unabhängig davon, wie berechtigt eine gute oder schlechte Reputation auch ist, neigen Menschen dazu, sich einer öffentlichen Meinung anzuschließen, statt sich eine eigene Meinung zu bilden. Wenn der beste Freund oder die beste Freundin einen Meinungsbericht auf Facebook teilen, dann muss da schon was dran sein. Je bekannter ein Unternehmen ist, desto mehr Menschen bilden sich auch eine Meinung und desto stärker ist diese Meinung auch in der Öffentlichkeit vertreten.

1.3   IPO: Der heikle Prozess beim Gang an die Börse

Ist die Entscheidung gefallen, Anteile des eigenen Unternehmens an Anleger zu verkaufen, dann ist vorab schon jede Menge Vorarbeit geschehen. Es haben Überlegungen stattgefunden, ob eventuell eine Fusion eine Alternative wäre, um die unternehmerischen Ziele zu erreichen. Hat sich das Unternehmen aus den unterschiedlichsten Gründen für den Börsengang entschieden, dann müssen für Anleger entsprechende Anreize geschaffen werden, die Aktien auch zu kaufen.

Anleger kaufen in der Regel dann Aktien, wenn sie ein gewisses Vertrauen in ein Unternehmen haben und sich entsprechende Kursgewinne und Dividenden erhoffen. Kauft ein Aktionär eine Aktie von einem Unternehmen, das ein IPO durchführt, geht er immer das Risiko ein, dass der Börsengang schiefgeht bzw. die gekaufte Aktie zum Flop wird. IPO-Unternehmen stehen damit anders als bereits an der Börse etablierte Unternehmen unter einer scharfen Beobachtung und dem hohen Druck, das Vertrauen potenzieller Anleger zu gewinnen. Sie können davon ausgehen, dass sich jeder Aktionär intensiv mit einem Unternehmen auseinandersetzt, bevor er sich für eine Investition entscheidet. Er fühlt dem Unternehmen sprichwörtlich auf den Zahn.

Es lohnt sich an dieser Stelle, einen Blick auf den üblichen Ablauf eines IPO-Prozesses zu werfen, damit die Rolle der Reputation dabei noch deutlicher wird: Zunächst wird die Börsenfähigkeit des Unternehmens geprüft wurde. Im Anschluss folgt die sogenannte Roadshow, bei der möglichst neue Investoren gewonnen werden sollen. Diesem sehr wichtigen – und für die Reputation kritischen Prozess – widme ich weiter unten noch einen eigenen Abschnitt. Hier möchte ich nur erwähnen, dass durch diese Werbeveranstaltungen einiges an Informationen durchsickert, die massenhaft über das Internet verbreitet werden. Das kann – je nach Information – gut oder schlecht sein. Auf der Basis der Resonanz auf die IPO-Roadshow wird dann die „Bookbuilding-Spanne" festgesetzt. Nach dem Ende der Zeichnungsfrist erfolgt die Zuteilung der Aktien und der Gang an die Börse. Der Börsenkurs steigt in Abhängigkeit von dem Angebot und der Nachfrage.

Bekanntlich gibt es am Ende zwei Möglichkeiten, wie ein solcher Börsengang im Nachgang bewertet wird: Er hat sich entweder als richtig oder als falsch erwiesen. Ob es für Ihr Unternehmen in die eine oder in die andere Richtung geht, hängt entscheidend auch von Ihrer Reputation ab.

1.4 Entscheidungskriterien der Anleger, ob sie von einem Unternehmen im IPO-Prozess Aktien kaufen

Betrachten Sie Ihr IPO aus Aktionärsperspektive. Welche Kriterien würden Sie zu Rate ziehen, um zu entscheiden, ob sie Aktien kaufen oder nicht? Garantien gibt es an der Börse selbstverständlich nicht. Aber es gibt Indizien dafür, ob sich ein Investment lohnt oder nicht.

Aktionäre prüfen genau, welche Performance das Unternehmen in der Vergangenheit gezeigt hat. Wie hat es sich entwickelt, wie lange ist es auf dem Markt, gab es irgendwelche Skandale? Auch die Entwicklung der Umsätze rückt in den Fokus. Zudem ist es entscheidend, welchen Grund das Unternehmen für den Gang an die Börse angibt und für welchen Zweck das Kapital verwendet werden soll, das über die Aktien eingesammelt wird. Umso wichtiger ist es, konkrete und nachvollziehbare Argumente dafür zu liefern. Daneben werfen potenzielle Anleger auch einen Blick auf den CEO – welche Reputation hat er aufzuweisen?

1.5   Die Roadshow

Bei den sogenannten Roadshows präsentieren sich die Unternehmen von ihrer besten Seite, um Aktionäre zu gewinnen. In der Regel werden zu diesen Veranstaltungen sehr große Unternehmen eingeladen, die das Potenzial haben, unsichere Aktien von Unternehmen im IPO-Prozess zu kaufen. Das Entscheidende ist aber, dass die Veranstaltungen in der Regel medial begleitet werden und dadurch zahlreiche Informationen durchsickern, die ihren Weg durch das World Wide Web machen. Diese Roadshows werden oftmals auch im Nachgang noch fortgesetzt, um weiter nach Aktionären zu suchen oder auch dann, wenn Kapitalerhöhungen gebraucht werden.

Eine Roadshow ist nichts anderes als eine Imagekampagne, mit der ein Unternehmen bzw. ausgewählte Vertreter von Stadt zu Stadt fahren, um für sich zu werben. Potenzielle Investoren haben hier auch die Gelegenheit, Fragen zu stellen und auch einen Blick hinter die Kulissen zu werfen. Das dort in jederlei Hinsicht alles aufgeräumt sein sollte, versteht sich von selbst. Die Qualität und die Professionalität der Vertreter, die an diesen Roadshows teilnehmen, spielen eine zentrale Rolle.

Wir leben im 21. Jahrhundert im Zeitalter der Digitalisierung. Dies hat auch einen entscheidenden Einfluss auf die Roadshows, die zunehmend nicht mehr ausschließlich Vis-à-Vis mit Veranstaltungscharakter stattfinden, sondern virtuell abgehalten werden. Die Corona-Pandemie hat dieser Tendenz durch die einhergehenden Reiseverbote noch einmal einen entscheidenden Boost verliehen. Für die Unternehmen sind die Roadshow-Veranstaltungen im traditionellen Sinne ein sehr zeit- und kostenintensiver Prozess, der zahlreiche Reisen erforderlich macht. Daher erscheint es nur logisch, dass Firmen ein Interesse daran haben, diese Zeit und die Kosten zu sparen, indem sie den Vorgang digitalisieren. Die Frage ist tatsächlich, inwiefern dies überhaupt möglich ist, denn die Roadshows leben auch vom persönlichen Kontakt und dem direkten Eindruck, den Investoren im Gespräch von einer Firma gewinnen. Die Financial Times hat eine Analyse[1] erstellt, nach der Firmen für diese Art der Werbeveranstaltungen zwischen 50.000 und 100.000 US-Dollar ausgeben. Nach diesem Bericht haben Unternehmen mit IPO-Plänen, die durch die Pandemie gezwungen waren, diesen Prozess zu virtualisieren, eine Reihe von Vorteilen gespürt. Durch die Nutzung der digitalen Kanäle konnten persönliche Gespräche mit einzelnen Investoren, statt mit einem Podium stattfinden. Im persönlichen Gespräch sei es viel einfacher Menschen zu überzeugen – und dabei Zeit, Geld und CO_2 einzusparen.

An diesen Stellen sind wir bei dem entscheidenden Argument angekommen, dass die Unternehmen anbringen können, um Pluspunkte für ihre Reputation zu sammeln. Bereits im Prozess der Börsennotierung können Sie sich durch digitale Roadshows als umweltbewusstes, engagiertes und verantwortungsbewusstes Unternehmen präsentieren, das den Sinn der Nachhaltigkeit verstanden hat und seinen Teil dazu beiträgt. Wir kommen später noch dazu, welche Faktoren die Reputation eines Unternehmens entscheidend prägen, aber an dieser Stelle so viel dazu: Für Verbraucher ist der Preis eines Produktes oder einer Dienstleistung längst nicht mehr der entscheidende Faktor. Vielmehr achten sie darauf, welche Werte ein Unternehmen vertritt, mit welchen Produzenten es zusammenarbeitet, ob es Kinderarbeit unterstützt usw. Unterschätzen Sie also nicht die Strahlkraft einer Aktion, bei der Sie im Zweifel mit 10 Unternehmensvertretern per Auto oder Flugzeug von Ort zu Ort reisen, um dort Werbung für sich zu machen. Solche Aktionen können im Zweifel auch negative Schlagzeilen generieren.

Auch hier gibt es wie so oft kein Schwarz oder Weiß. Die Unternehmen müssen genau abwägen, ob die finanziellen und logistischen Vorteile vir-

---

[1] Financial Times: IPO 'roadshows' from home cause bankers to question the old ways. https://www.ft.com/content/5ad15369-a63a-4a97-8c17-0f13d52578f7. Zugegriffen: 12. November 2021.

tueller Roadshows möglicherweise den traditionellen Präsenzveran-
staltungen überwiegen. An dieser Stelle bleibt zusammenzufassen, dass
das Thema Reputation in allem mitschwingt, was Unternehmen in
IPO-Phasen tun und entscheiden. Es ist überall präsent. Ich hoffe ich
konnte Sie mit dieser kleinen Exkursion dafür sensibilisieren, dass Sie das
Thema Reputation immer im Hinterkopf behalten sollten.

Ihr Transfer in die Praxis

- Betrachten Sie Ihr Unternehmen aus der Perspektive der Aktionäre
- Bereiten Sie sich gut auf Ihre Roadshow vor
- Machen Sie erst dann den großen Schritt, wenn Ihre Reputation auf
  Grün steht

2

Herausforderung Reputation in IPO-Phasen

Was Sie in diesem Kapitel erwartet

- Welche Vorteile ein Reputationsmanagement für Unternehmen in IPO-Phasen hat
- Welche Schlüsselfaktoren für die Reputation ausschlaggebend sind
- Welche Reputationsrisiken es für Unternehmen in IPO-Prozessen gibt

Wie es schon im einleitenden Kapitel angeklungen ist, stehen Unternehmen, die sich kurz vor dem Börsengang befinden, in Sachen Reputation vor besonderen Herausforderungen. Sie kommen oftmals aus ihrer Komfortzone heraus und stehen plötzlich im Rampenlicht, müssen sich vor der Presse beweisen und es aushalten können, dass plötzlich genauer hingesehen wird. Diesen Umstand können Sie positiv für sich nutzen, um Ihr gutes Image zu verstärken und dadurch noch einmal Auftrieb für Ihr Unternehmen zu bekommen.

© Der/die Autor(en), exklusiv lizenziert an Springer Fachmedien Wiesbaden GmbH, ein Teil von Springer Nature 2022
V. Sünderhauf, *Quick Guide Online-Reputation in IPO-Prozessen*, Quick Guide, https://doi.org/10.1007/978-3-658-37417-4_2

2.1 Vorteile einer guten Reputation für Unternehmen in IPO-Phasen

Eine positive Reputation macht Ihnen in jeder Hinsicht den Weg frei. Sie schaffen damit gute Voraussetzungen, um genügend Aktionäre zu finden, die Ihnen vertrauen und damit einen guten Börsenstart vorbereiten. Aber auch in anderer Hinsicht sind Sie auf eine positive Meinung über sich angewiesen.

Stärkeres Vertrauen
Eine positive Reputation erleichtert es Ihnen, an die Börse zu gehen. Denn wenn in der Öffentlichkeit positiv über Sie berichtet wird und Sie im Idealfall noch keine Skandale oder Negativberichte verkraften mussten, dann schaffen Sie bessere Voraussetzungen dafür, dass sich Investoren für Sie entscheiden. Die Investition in ein Unternehmen im Rahmen eines IPO ist immer mit einem größeren Risiko für potenzielle Aktionäre verbunden, weil es oft schwer abzuschätzen ist, wie sich der Kurs im Anschluss entwickeln wird. Hat das Unternehmen aber eine gute Reputation, ist eine wichtige Hürde genommen.

Steigerung des Marktwertes
Unmittelbar damit verbunden ist eine Marktwertsteigerung eines Unternehmens und auch speziell eines IPO-Unternehmens durch eine gute Reputation. In der Studie „The State of Corporate Reputation in 2020: Everything Matters Now"[1] schrieben Führungskräfte rund 60 % des eigenen Marktwertes der Reputation zu. Wer vor einem Regal mit fünf Produkten steht, greift automatisch zu dem Produkt eines Herstellers, mit dem er positive Assoziationen verbindet.

Niemand darf heute darauf hoffen, dass Skandale oder Negativmeinungen schnell wieder in Vergessenheit geraten. Oftmals verbreiten sie sich wie ein Lauffeuer und können tiefe Schneisen in die Bilanzen

---

[1] Heimann, G. et al.: „The State of Corporate Reputation in 2020: Everything Matters Now". https://www.webershandwick.com/wp-content/uploads/2020/01/The-State-of-Corporate-Reputation-in-2020_executive-summary_FINAL.pdf. Zugegriffen: 107. Dezember 2021.

reißen. Reputation ist der entscheidende Faktor auf dem Markt, der einem Unternehmen Auftrieb gibt.

Positives Image in den Medien
Überall dort, wo über Ihr Unternehmen gesprochen wird, bildet sich automatisch eine Meinung. Selbst bei einer neutralen Berichterstattung können Fakten für sich sprechen. Meinungen werden über das Fernsehen, das Radio und vor allem auch im Internet gebildet. Fällt diese Meinung negativ aus, dann legt sich dieses Image oft wie ein tonnenschwerer Schleier über das Unternehmen, der nicht so leicht wieder wegbewegt werden kann. Es ist wichtig zu wissen, was und wo über Sie gesprochen ist, um im Rahmen des Reputationsmanagements rechtzeitig darauf reagieren zu können.

Direkter Umsatzfaktor
An der Börse ist eine gute Reputation ein entscheidender Umsatzfaktor, weil das Vertrauen in eine Aktie mehr Aktionäre dazu motiviert, zu investieren. Aber auch auf die Umsätze eines Unternehmens – unabhängig davon, ob IPO Absichten bestehen oder nicht – wirkt sich die Reputation unmittelbar aus.

Kunden zeigen ein größeres Vertrauen in die Produkte und haben auch eine höhere Preisbereitschaft, wenn Sie wissen, dass das Unternehmen im gesamten Produktionsprozess gut arbeitet und vertrauenswürdige Leistungen anbietet. Auch Mitarbeiter bewerben sich bevorzugt bei Unternehmen, die sich über eine gute Reputation freuen. Das senkt die Kosten für die Mitarbeitergewinnung und steigert auch die Produktivität der Teams. Wer sich persönlich mit einem Unternehmen identifizieren kann, der zeigt auch persönliches Engagement. Auch das ist ein Umsatzfaktor. Mit einer guten Reputation sichern sich Unternehmen im IPO-Prozess einen besseren Zugang zu den Kapitalmärkten und haben eine bessere Verhandlungsbasis bei der Kreditvergabe. Zudem steigern Sie auch das Interesse an Ihren Aktien. Und auch mit Zulieferern können Sie mit einer guten Reputation im Hintergrund besser verhandeln. Es entstehen eine stärkere Bindung und häufig sogar bessere Einkaufspreise. Somit steht der gute Ruf eines Unternehmens in direktem Zusammenhang mit dem Geschäftserfolg.

Wettbewerbsvorteile durch gute Reputation

Viele Märkte sind hart umkämpft. Dabei sollte der Fokus nicht nur auf den Kunden liegen, die entsprechende Umsätze machen, sondern auch andere Faktoren spielen beim Wettbewerbsdruck eine Rolle. Zum Beispiel sind die Fachkräfte ein wichtiger Wachstumsfaktor, die ein Unternehmen für sich gewinnen kann. Hat ein Unternehmen mit Börsengangbestrebungen einen guten Ruf, dann ist es wesentlich leichter, Fach- und Führungskräfte zu gewinnen. Firmen, die häufig in der öffentlichen Kritik stehen, verlieren auch bei ihren Mitarbeitern und bei Bewerbern sowie bei Stakeholdern an Attraktivität. Ist die Reputation dagegen gut, dann sind auch Stakeholder eher dazu bereit, ihr Vertrauen in das Unternehmen zu setzen und Kooperationen anzustreben. Auch Investoren bevorzugen es aus nachvollziehbaren Gründen, ihr Geld in vertrauenswürdige Firmen zu investieren.

Loyale Mitarbeiter gewinnen

Es gibt eindeutige Parallelen zwischen dem guten Ruf eines Unternehmens und einer geringen Fluktuation. Eine hohe Fluktuation deutet häufig auf Probleme innerhalb des Unternehmens hin und es müsste schon mit dem Teufel zugehen, wenn diese nicht auch nach außen sichtbar werden. Probleme mit der Reputation entstehen meistens im Herzen des Unternehmens. Sie fressen sich durch alle Abteilungen und werden meistens innerhalb kurzer Zeit auch für Kunden, Geschäftspartner und – im Falle eines geplanten IPO besonders verheerend – für Aktionäre sichtbar.

Aus diesem Grund beginnt das Reputationsmanagement immer im Kern eines Unternehmens. Gesunde Strukturen und ein guter Führungsstil zahlen sich in jeder Hinsicht aus, denn loyale Mitarbeiter entscheiden maßgeblich auch über den wirtschaftlichen Erfolg einer Firma. Eine persönliche Verbundenheit mit dem Arbeitgeber erzeugt Eigenmotivation und Engagement. Zudem sinkt die Wechselfreude selbst dann, wenn ein anderer Arbeitgeber mal mehr Geld bietet. Allein aus diesem Grund sollte das Bestreben eines Unternehmens immer dahingehen, Mitarbeiter zu binden und dadurch auch das Know-how im Unternehmen zu behalten. Es kann verheerende Folgen haben, wenn ein Mitarbeiter nach 10

Jahren, in denen er eine Abteilung oder einen Arbeitsbereich aufgebaut hat, plötzlich zur Konkurrenz wechselt. Mehr zu diesem so wichtigen Reputationsthema erläutere ich im Kapitel zum Thema „Employer Branding und Reputation".

Eine schlechte Reputation lässt die Anzahl relevanter Bewerbungen für wichtige Positionen im Haus signifikant sinken. Kein High Potential möchte nach Feierabend im Freundeskreis davon berichten, wie er sich für ein Unternehmen engagiert, dass tonnenweise Erdöl in die Weltmeere kippt. Ein schlechter Ruf färbt ab. Der Trend geht heute eindeutig dahin, dass sich Talente nur noch in Firmen engagieren, die ihre persönlichen Werte vertreten, die nachhaltig und verantwortungsbewusst agieren.

Eine gute Reputation kann aus Unternehmen Visionäre machen
Wer in der Presse lobend erwähnt wird und auch sonst keine „Leichen im Keller" hat, der kann bei bestimmten Themen sogar eine Vorreiterrolle einnehmen. Es kann zum Beispiel in Sachen Nachhaltigkeit, Preisgestaltung, Produktqualität etc. vorbildlich und innovativ agieren oder neue Technologien nutzen. Auch dadurch können Wettbewerbsvorteile entstehen.

2.2   Der Corporate Reputation Score 2018

Biesalski & Company haben 2018 eine Studie[2] herausgebracht, in der sie untersucht haben, was ein guter Ruf für ein Unternehmen wert ist. Die bereits zum zweiten Mal durchgeführte Studie soll den oft wenig greifbaren Begriff der Reputation in eine messbare Größe verwandeln und gibt wertvolle Impulse, wie Unternehmen ihre Reputation gezielt steuern und messen und auch gezielt beeinflussen können.

In der Studie wurden bewusst nur bekannte und namhafte Unternehmen untersucht, die man allgemeinhin kennt. Darunter befanden sich zehn börsennotierte Unternehmen und zehn Unternehmen, die

---

[2] Biesalsky & Company: Corporate Reputation Score 2018. Was ist ein guter Ruf wert? https:// www.biesalski-company.com/wp-content/uploads/2021/07/Corporate-Reputation-Score-2018-1. pdf. Zugegriffen: 26. November 2021.

nicht an der Börse sind. Befragt wurden Kunden des Unternehmens, da sich diese intensiver mit dem Unternehmen auseinandersetzen, von dem sie Produkte oder Dienstleistungen kaufen. Fragen wurden in den Bereichen Qualität, wirtschaftlicher Erfolg, Attraktivität für den Kapitalmarkt, Attraktivität als Arbeitgeber sowie soziale Verantwortung, Nachhaltigkeit und Führungsqualitäten gestellt. Auch die emotionale Verbundenheit der befragten Kunden mit dem Unternehmen war Thema.

Ich will die Studie an dieser Stelle nicht erschöpfend auswerten, sondern nur einige wichtige Erkenntnisse daraus zitieren. Spannend ist zum Beispiel die Erkenntnis, dass den deutschen Unternehmen die volle Kompetenz in ihren Sektoren zugesprochen wird. Allerdings zeigen im Durchschnitt nur 55 % aller Befragten Sympathie, 49 % Vertrauen und ebenfalls 49 % Identifikation mit dem Unternehmen. Führend bei den untersuchten Unternehmen waren im Bereich der Reputation Miele, Haribo und Daimler. Die Schlusslichter waren Volkswagen, die Deutsche Bahn und die Deutsche Bank.

Die Studie entdeckt einen „gefährlichen" Trend in Sachen Reputation. Die emotionale Bindung der Kunden zu einem Unternehmen scheint allgemein zu sinken. Während viele Kunden mit den Leistungen eines Unternehmens zufrieden sind, scheinen sie sich aber zunehmend weniger mit dem Unternehmen an sich zu identifizieren. Dies ist deswegen so gefährlich, weil emotionale Bindung gleichermaßen auch Loyalität bedeutet. Verlieren die Kunden diese Loyalität, dann wird es zum Beispiel für Wettbewerber zunehmend leichter, Kunden auf ihre Seite zu holen.

Warum ist das so? In der Auswertung der Ergebnisse wird ein allgemeiner, gesellschaftlicher Trend dafür verantwortlich gemacht, bei dem Menschen allgemein an Vertrauen verlieren – gegenüber der Politik und der Wirtschaft. Daraus wird schon deutlich, dass es nicht mehr ausreichend sein kann, die eigene Reputation nur passiv zu verfolgen, sondern ein aktives Eingreifen erforderlich wird.

Einen letzten Blick werfen wir auf den Punkt der Studie, in der die Reputation als geldwerter Vorteil dargestellt wird. Haribo hat mit einem Reputation Value Score (dem prozentual erklärbaren Anteil von Reputation am Kaufverhalten und damit am Umsatz) von 41,2 % einen gemessenen Reputationswert von 1133 Mio. Euro. Bei der Allianz beläuft sich der Betrag auf 31.375 Mio. Euro bei einem Reputationswert von

25,7 %. Diese sehr hohen Werte zeigen, dass auch in Bezug auf die Kaufentscheidungen die Wahrnehmung und das Image eines Unternehmens und der Qualität der Produkte entscheidend sind und weniger das Preis-Leistungs-Verhältnis. Subjektives Empfinden hat einen höheren Stellenwert als objektive Realität.

2.3 Beispiel ENBW: Reputation als Leistungskennzahl im Geschäftsbericht

Der Energiekonzern ENBW gehört zu den einzigen Unternehmen, die die Reputation als eine der Leistungskennzahlen bewerten. Dafür entwickeln sie sogar jährlich einen Reputationsindex, der durch aktive Bemühungen um eine gute Reputation in den Jahren zwischen 2016 und 2010 von 50 auf 56 Indexpunkte steigen konnte. Auf Seite 76 im Geschäftsbericht von 2020[3] heißt es:

„Eine starke Reputation ist ein wesentlicher Faktor nachhaltigen Unternehmenserfolgs. Der gesellschaftlich gute Ruf eines Unternehmens spiegelt das Vertrauen der breiten Öffentlichkeit und relevanter Stakeholdergruppen in das kompetente und verantwortungsvolle Handeln eines Unternehmens wider."

Auch die Zielstellung, wie dies gelingen soll, wurde klar definiert:

„Wir übernehmen Verantwortung für Wirtschaft und Gesellschaft und haben den Anspruch, Treiber der Energiewende zu sein. Damit möchten wir gesellschaftliche Akzeptanz gewinnen und unsere Reputation verbessern. Eine gute Reputation signalisiert die Bereitschaft der Gesellschaft und ihrer unterschiedlichen Anspruchsgruppen, mit dem Unternehmen zu kooperieren und in das Unternehmen zu investieren."

---

[3] ENBW: Geschäftsbericht 2020. https://www.enbw.com/media/bericht/bericht-2020/downloads/integrierter-geschaeftsbericht-2020.pdf. Zugegriffen: 26. November 2020.

Im Jahr 2017 hat der Vorstand des Unternehmens ein eigenes Stakeholderteam eingerichtet, in dem alle wichtigen Unternehmensbereiche vertreten sind. Diese stehen in einem regen Austausch mit den jeweiligen Anspruchsgruppen.

Um die Ergebnisse dieser Einrichtung messbar zu machen, wurde der bereits erwähnte Reputationsindex ins Leben gerufen als eine der Top-Leistungskennzahlen des Unternehmens. Die Daten werden standardisiert durch ein externes Marktforschungsinstitut erhoben. Für 2020 wurde erhoben, dass sich insbesondere in den Augen der Investoren die Reputation verbessern konnte, die insbesondere die Verlässlichkeit und die Kontinuität der Geschäftsentwicklung wertschätzen. Auch das firmeninterne Engagement für den Klimaschutz und die Nachhaltigkeit sorgt für eine noch positivere Wahrnehmung des Konzerns in der Öffentlichkeit.

Auf Seite 103 wird noch einmal klar aufgezeigt, wie der Konzern mit den Reputationsrisiken umgeht, die in der Energiebranche im Zuge um Diskussionen in Bezug auf alle nur erdenklichen Möglichkeiten der Energiegewinnung nicht von der Hand zu weisen sind, umgeht.

„Sämtliche Chancen und Risiken sowie nicht finanziellen Belange können sich positiv beziehungsweise negativ auf die Reputation und somit auf die Top-Leistungskennzahl Reputationsindex […] auswirken. Das Reputationsmanagement erfasst daher Reputationschancen und -risiken, entwickelt Maßnahmen zum Schutz und zur Verbesserung der Reputation, berät Vorstand sowie Management und gibt Handlungsempfehlungen".

Aus meiner Sicht nimmt ENBW hier eine echte Vorbildfunktion nicht nur für IPOs, sondern generell für alle Unternehmen ein. Allein der Reputationsindex im Geschäftsbericht und die Ausweisung der Reputation als eine der Top-Kennzahlen beweist, dass die Relevanz des Themas bis ins Dachgeschoss der Führungsetage angekommen ist.

2.4   CSR-Richtlinie zur Berichterstattung

2017 wurde der Entwurf zur CSR-Berichtspflicht für Unternehmen entworfen, um die Transparenz über ökologische und soziale Aspekte innerhalb der Unternehmen zu erhöhen. Dies verpflichtet insbesondere große, börsennotierte Unternehmen mit mehr als 500 Beschäftigten dazu, mehr Transparenz vor allem in Bezug auf nicht finanzielle Aspekte der Unternehmensführung zu zeigen. Denn genau an diesen Aspekten sind sowohl Verbraucher als auch Investoren und Aktionäre gleichermaßen interessiert – und nicht nur an nackten Zahlen. Ziel ist es, dass Unternehmen nachhaltiger handeln, mehr soziale Verantwortung übernehmen und sich auch darüber im Klaren sind, welche Risiken sich daraus für ihre Reputation ergeben. Denn wer bislang in seiner Lieferkette auch auf Kinderarbeit zurückgegriffen hat, muss dies nun offenlegen und sich auch darüber im Klaren sein, dass dies in Bezug auf seine Reputation Konsequenzen hat.

Was müssen Unternehmen nun konkret von sich preisgeben? Themen sind unter anderem Umwelt-, Sozial- und Arbeitnehmerbelange, die Achtung der Menschenrechte, Maßnahmen zur Bekämpfung von Korruption und Bestechung sowie die Diversitätskonzepte. Mit der CSR-Richtlinie 2.0 wurde die bestehende Richtlinie noch einmal um weitere Anforderungen in Bezug auf die Nachhaltigkeitsberichterstattung erweitert.

Was hat diese CSR-Richtlinie nun konkret mit der Reputation zu tun und welche Bedeutung hat sie für Unternehmen? Nicht-finanzielle Aspekte werden für Stakeholder zunehmend entscheidungsrelevant. Die Entscheidung für oder gegen die Aktie eines Konzerns wird nicht mehr allein auf der Basis der Bilanzen getroffen, sondern auch auf der Basis ökologischer, ökonomischer und sozialer Aspekte. Kaufe ich eine Aktie von einem Unternehmen, das gegen meine persönlichen Werte handelt? Eher nicht.

Wer zur Offenlegung genötigt wird, der wird automatisch auch dazu gezwungen, die eigenen Vorgehensweisen und Werte zu überdenken. Möchte ich als ein Unternehmen in der Presse stehen, das verschwenderisch mit Ressourcen umgeht oder Kinderarbeit in der Dritten Welt unterstützt? Indem Unternehmen hier zum Umdenken gezwungen werden, können sich nachhaltig auch positive Effekte auf die gesamte Gesellschaft ergeben. Die Berichtspflicht kann für Unternehmen der wichtige Impuls sein, die Transparenz und damit auch die Reputation zu steigern und auch einen wichtigen Beitrag in der Positionierung gegenüber dem Wettbewerb zu leisten.

2.5   Hier wird die Reputation gebildet

Reputation entsteht im Grunde überall dort, wo Stakeholder mit einem Unternehmen in Kontakt kommen, wo kommuniziert oder Werbung geschaltet wird. Wichtig zu wissen: Einer Reputation kann sich niemand entziehen. Sie entsteht unabhängig davon, ob Sie sich darum bemühen, sie aktiv zu beeinflussen.

Eine Meinung bilden sich zum Beispiel die Stakeholder eines Unternehmens. Überall dort, wo Menschen miteinander in Kontakt kommen, bilden sie sich eine Meinung voneinander. Wird der Postbote freundlich empfangen? Wie ist der Umgang mit Bewerbern? Ist der Service aufmerksam gegenüber Kunden?

Reputation wird in den Medien gebildet. Wo und wie wird über Sie berichtet? Fallen die Berichte positiv oder negativ aus? Wie wird in den Sozialen Netzwerken über Sie gesprochen? Das Internet hat im Zeitalter der Digitalisierung eine große Bedeutung. Meinungen verbreiten sich hier in Sekundenschnelle und auch unabhängig vom Wahrheitsgehalt einer Meldung. Auch die eigenen Kommunikations- und Marketingaktivitäten werden minutiös ausgewertet.

2.6   Schlüsselfaktoren der Reputation für Unternehmen in IPO-Phasen

Die Anzahl der Schlüsselfaktoren für die Reputation eines Unternehmens im Rahmen von Börsengängen ist so hoch, dass ich sie an dieser Stelle nicht erschöpfend auflisten kann. Ich erhebe hier also keinen Anspruch auf Vollständigkeit, sondern möchte die aus meiner Sicht wichtigsten Faktoren aufgreifen,

Geschichte des Unternehmens
Sie können davon ausgehen, dass die Geschichte Ihres Unternehmens sowohl von Investoren als auch von Kunden genau betrachtet und hinterfragt wird. Ist das Unternehmen ganz plötzlich auf den Markt gesprungen

oder blickt es auf eine gewachsene Familiengeschichte zurück? Natürlich tauchen in der Recherche auch mögliche Skandale auf, die sich nicht auslöschen lassen. Positiv stellt sich immer eine Historie dar, die möglichst frei von diesen Skandalen ist und die in der Vergangenheit kontinuierlich gewachsen ist und für die der Gang an die Börse jetzt ein konsistenter Schritt ist.

Wirtschaftlicher Erfolg
Der wirtschaftliche Erfolg Ihres Unternehmens zahlt wesentlich auf Ihr Reputationskonto ein. Denn eine steigende Kurve ist nicht das Ergebnis eines Zufalls, sondern der Lohn guter Arbeit. Wie wir vorausgehend in den Beispielen gesehen haben, kann sich ein Reputationsschaden sehr schnell negativ auf den Aktienwert auswirken. Ist aus den Geschäftsberichten aber jedes Jahr ein positives Ergebnis zu erkennen, dann steigt das Vertrauen in dieses Unternehmen. Denn am Ende ist Erfolg wie ein Puzzle-Spiel: Es müssen alle Teile richtig zusammengesetzt werden, damit am Ende ein komplettes Bild entsteht.

Qualität der Produkte und Services
Die Qualität der Leistung eines Unternehmens ist sowohl ein subjektiver als auch ein objektiver Faktor der Reputation. Einerseits werden die Produkte eines Unternehmens, das in der Öffentlichkeit steht, gerne diversen Tests unterzogen. Insbesondere auf die Tests von unabhängigen Prüfinstituten legen Verbraucher großen Wert. Je hochpreisiger ein Produkt ist, desto mehr Recherche wird auch betrieben. Dabei stoßen Verbraucher dann automatisch auf Bewertungen in Portalen, in Sozialen Netzwerken und von Prüfinstituten. Mit schlechten Produkten und Leistungen kann kein Unternehmen der Welt eine gute Reputation aufbauen.

Kunden haben eine bestimmte Erwartungshaltung, wenn Sie ein Produkt kaufen oder eine Dienstleistung in Anspruch nehmen. Wird diese Erwartungshaltung nicht erfüllt, dann entstehen Enttäuschungen. Dies können Sie auch mit der besten Qualität im Einzelfall nicht verhindern. Treten solche Enttäuschungen aber massenhaft auf, dann leidet Ihre Reputation.

Zudem: Je höher Sie Ihre Qualitätsstandards ansetzen, desto geringer wird die Anzahl der Reklamationen sein. Sie sparen in diesem Bereich Zeit, Kosten und Imageschäden. Zudem kann Qualität auch zu einem entscheidenden Wettbewerbsvorteil werden. Je mehr Sie sich durch Qualität von Ihren Mitbewerbern absetzen, desto mehr stärken Sie Ihre Leuchtturm-Position in Ihrem Umfeld. Und noch etwas: Zufriedene Kunden machen automatisch Werbung für Ihr Unternehmen. Das spart Werbekosten und zahlt automatisch auf Ihr Reputationskonto ein.

Sicherheit

Das Thema Sicherheit ist ein weites Feld, aber ebenso entscheidend in Bezug auf die Reputation. Sicherheit fängt dort an, wo Kunden auf einer Homepage Ihre Daten eingeben, um etwas zu bestellen oder um Kontakt aufzunehmen. Geht das Unternehmen respektvoll und wertschätzend mit den persönlichen Daten seiner Kunden um? Werden sie direkt zu Werbezwecken verwendet, erfolgt die Datenübertragung auf sicherem Wege?

Auch die Produkte müssen sicher sein. Ein Hersteller von Kinderspielzeug sollte die Produktsicherheit zur obersten Priorität erklären. Auch Cybersicherheit ist ein Thema im Unternehmen, denn gehackte Server und geklaute Kundendaten lösen keine Welle der Begeisterung aus.

Ethische Ausrichtung

Ethisches Handeln ist aus meiner Sicht unerlässlich für eine gute Reputation. Es liegt in der Natur der Sache, dass ein Unternehmen Gewinne machen möchte und muss – es sollte dafür aber nicht über Leichen gehen. Beispiele von Unternehmen, die diesen wichtigen Reputationsfaktor stark vernachlässigt haben, gibt es viele. Die BBS veröffentlichte 2016 einen Bericht[4] darüber, dass ein türkischer Kleidungshersteller syrische Flüchtlingskinder für sich arbeiten lässt. Abnehmer der Kleidung waren unter anderem weltbekannte Marken wie Asos, Zara und Mango. Auch wenn die Firmen im Anschluss beteuerten, gar nichts von der

---

[4] BBC: Child refugees in Turkey making clothes for UK shops. https://www.bbc.com/news/business-37716463. Zugegriffen: 26. November 2021.

Kinderarbeit gewusst zu haben – ein Reputationsschaden entsteht trotzdem. Ein Beispiel, das zwar bereits einige Zeit zurückliegt, aber dennoch den Kern der Sache genau trifft: Der Skandal um die Firma Foxconn 2010. Foxconn stellt Hardware für Apple und Google her – in bester Qualität anscheinend, wie die namhaften Kooperationen beweisen. Gleichzeitig ist das Unternehmen allerdings für seine miserablen Arbeitsbedingungen in der Kritik. Es kam so häufig zu Suizidversuchen, dass der Konzern um das Gebäude herum Netze spannen musste, die die von den Dächern springenden Arbeiter auffangen sollten. Heute würde eine solche Story vermutlich dafür sorgen, dass das Unternehmen schließen muss, denn innerhalb der letzten 10 Jahre hat die Reputation noch einmal erheblich an Stellenwert gewonnen.

Unternehmenskultur
Auch das ist ein großer Begriff in der Welt der Reputation. Ich möchte hier auf die allgemeinen Werte des Unternehmens hinweisen. Wofür steht diese Firma? Legt sie Wert auf Nachhaltigkeit? Liegt der Fokus bei der Mitarbeiterführung, die auf Work-Life-Balance ausgelegt ist? Was ist dem Unternehmen wichtig und wie authentisch kann es diese Werte auch in die Öffentlichkeit tragen?

Die Unternehmenskultur kann auf verschiedenen Wegen nach außen transportiert werden. Zum Beispiel über Mitarbeiteraccounts in den sozialen Netzwerken, über die reale Mitarbeiter ehrliche Einblicke in ihren Unternehmensalltag geben. Reportagen über Baumpflanzaktionen, Interviews, die Gestaltung der Firmenhomepage etc. Wichtig ist, dass die Unternehmenskultur immer authentisch nach draußen getragen und nichts behauptet wird, was nicht stimmt. Ein Beispiel: Rühmen Sie sich in Ihren digitalen Unternehmensaccounts oder in Interviews nicht damit, wie erfolgreich Sie in einer guten Mitarbeiterführung sind, wenn die Fluktuationsrate an der 100 %-Marke kratzt.

Innovationsfaktor
Erfolg braucht Fortschritt – nicht nur aus wirtschaftlicher Sicht. Wenn ein Unternehmen bis zum heutigen Tag im Bewerbungsprozess auf Papierakten setzt, zeugt dies nicht gerade davon, dass es hinter den Kulis-

sen wesentlich innovativer arbeitet. Wichtig: Man muss nicht jeden Trend mitmachen, aber auf die Trends setzen, die vorteilhaft für Stakeholder sind, Prozesse vereinfachen, Ressourcen einsparen etc. daher wirkt sich auch der Innovationsfaktor eines Unternehmens entscheidend auf die Reputation desselben aus.

CEO & Unternehmensführung

Kennen Sie Steve Jobs? Natürlich. Und selbstverständlich wissen Sie auch, dass er der CEO von Apple war und das Image des Unternehmens entscheidend geprägt hat. Wer einmal eine seiner Produktvorstellungen erleben durfte, der weiß, wie sehr er selbst für seine Produkte gebrannt hat und wie überzeugend er diese Begeisterung auch mit seinem Publikum teilen konnte. Steve Jobs war vielen Menschen sehr sympathisch und diese Sympathie hat natürlich auch auf seine Produkte abgefärbt. Ebenso kann aber ein CEO, der als besonders unsympathisch wahrgenommen wird oder der in der Vergangenheit bereits negativ aufgefallen ist, auch seine eigene negative Reputation auf seine Firma übertragen. Auch die Erfahrung der Unternehmensführung spielt bei der Bewertung der Reputation eine tragende Rolle. Sitzt ein junger Hochschulabsolvent an der Führungsspitze oder ein erfahrener CEO, der mit dem Unternehmen gewachsen ist.

Man sagt allgemein: Die Reputation lockt Talente an, die Führung hält sie. Führungsmitglieder und Unternehmen sind symbiotisch miteinander verbunden. CEOs treffen schlussendlich die Entscheidungen über Marketing- und PR-Maßnahmen, sie steuern das Qualitätsmanagement, sie zeigen soziale Verantwortung oder auch nicht. Auch hier gilt: Der Ruf färbt ab. Hat eine Führungskraft einen guten Ruf, dann kann dieser auch in stürmischen Zeiten wie ein Anker wirken, der die Firma am Boden hält.

Kommunikation

Je größer ein Unternehmen ist, desto mehr wird auch über die Firma gesprochen. Insbesondere im IPO-Prozess ist es wichtig, keine Fehler zu machen und eine genaue Kommunikationsstrategie zu entwickeln. Sie werden vielleicht in Interviews auf mögliche Fehler der Vergangenheit angesprochen werden. Wie gehen Sie damit um? Den Reporter angiften und „Kein Kommentar" in die Kamera zischen, ist eine weniger gute Idee. Sie sollten auf alles vorbereitet sein und proaktiv und ehrlich kommunizieren – sowohl innerhalb der Firma als auch nach außen.

Eine gute Reputation setzt Kommunikationskompetenz voraus. Es sollte dafür geeignete Verantwortliche im Unternehmen geben, die sowohl interne als auch externe Kommunikationskanäle immer im Blick hat und im ständigen Austausch mit den Stakeholdern des Unternehmens steht. Für die interne Kommunikation sollte es in jedem Fall eine eigene Kommunikationsstrategie geben, sodass Mitarbeiter immer auf dem Laufenden sind und sich mit einbezogen fühlen. Dies ist wichtig, um die Identifikation mit dem Unternehmen zu fördern und auch zu vermeiden, dass es zu Gerüchten kommt.

Nachhaltigkeit/soziale Verantwortung/Inklusion
Corporate Social Responsibility – kurz CSR – sollte in der Unternehmensreputation ebenfalls eine ausschlaggebende Rolle spielen. Es ist im 21. Jahrhundert unverzichtbar geworden, Position zu beziehen in der Frage: Wie wichtig sind mir soziale Verantwortung und Nachhaltigkeit? Präsentiere ich mich als Unternehmen mit einer „Nach mir die Sintflut"-Mentalität oder blicke ich nach vorn und stelle mir die Frage: Was kann mein Unternehmen dazu beitragen, dass die Welt ein Stück weit besser wird.

Spenden für die Regenwälder, Baumpflanzaktionen oder der kompromisslose Ausschluss von Kinderarbeit aus der eigenen Produktionskette: Wie zahlt das alles wirklich auf das Reputationskonto ein?
Corporate Social Responsibility ist das Bestreben, die wirtschaftlichen Ziele mit dem Streben nach sozialer und ökologischer Verantwortung in Einklang zu bringen. Das kann auf sehr unterschiedliche Art und Weise geschehen, sollte aber immer auf einen gemeinsamen Nenner reduziert werden können: Authentizität. Es bringt nichts, einen Baum zu pflanzen, wenn derweil im Namen der Firma Bulldozer durch den Regenwald zie-

hen und dort die Wälder abholzen. Im Zeitalter der Digitalisierung bleiben solche Differenzen nicht lange unentdeckt.

Unternehmen, die soziale und ökologische Verantwortung übernehmen, präsentieren sich sowohl Kunden als auch Mitarbeitern, Aktionären und Geschäftspartnern gegenüber als verantwortungsbewusster und vorausschauender Partner, der die Weichen für die Zukunft in die richtige Richtung gestellt hat. Trotzdem wird CSR oftmals noch als reiner Kostenfaktor wahrgenommen, was aus meiner Sicht falsch ist. Denn durch die Übernahme sozialer Verantwortung und Engagement für die Umwelt stärken Sie Ihre eigene Position. Sie gewinnen an Glaubwürdigkeit, steigern Ihre Arbeitgeberattraktivität, fördern die Loyalität der Kunden und am Ende auch Ihre eigene Reputation.

Wie bereits im ersten Kapitel geschildert, gibt es für kapitalmarktorientierte Unternehmen mittlerweile eine CSR-Berichtspflicht. Dadurch wird CSR nicht nur zu einer Unterseite auf Ihrer Homepage oder einer verlorenen Pressemitteilung, sondern transparent nach außen sichtbar. Zusammengefasst: Unternehmen, die gesellschaftliche Verantwortung übernehmen, schaffen eine wesentlich bessere Basis für die öffentliche Anerkennung. Der gute Ruf schafft nachhaltige Werte.

In diesem Punkt können Sie alle Faktoren durchgehen, die in den CSR-Richtlinien genannt werden. Investoren beschäftigen sich nicht nur mit dem letzten Geschäftsbericht, sondern möchten auch hinter die Kulissen schauen. Am Ende hat auch dies einen wirtschaftlichen Hintergrund. Denn Unternehmen, die keine soziale Verantwortung übernehmen, rücken zunehmend in die Kritik bei Verbrauchern, die sich dann gerne für die Konkurrenz entscheiden. Unternehmen, die keine barrierefreien Arbeitsplätze schaffen oder Wert auf Diversität und Inklusion legen, werden es in Zukunft schwer haben, neue Mitarbeiter zu gewinnen. All das schränkt die Zukunftsfähigkeit des Unternehmens ein und stellt sie auf wackelige Füße.

Transparenz

Ob sich ein Unternehmen erfolgreich an der Börse positionieren kann, darüber entscheiden am Ende die Investoren. Es gibt einige Insider-Regeln, die zum Beispiel die Vermeidung von Marktmissbrauch vorschreiben und Unternehmen an der Börse zur absoluten Transparenz verpflichten.

Verwendung des Emissionserlöses
Potenzielle Investoren schauen auch zunehmend darauf, wie der Emissionserlös verwendet wird. Eine Möglichkeit, hier etwas in Sachen Reputation zu bewegen, ist die Finanzierung von Umweltschutz-Projekten über Green Bonds. Allein aus Sicht der Reputation lohnt es sich, den Emissionserlös für Umweltschutz oder andere gute Zwecke zu verwenden.

Börsengang
Wie hat sich ein IPO-Unternehmen beim Gang an die Börse geschlagen? Dies wird Sie sehr lange begleiten und zeigt potenziellen Investoren, wie souverän Sie sich auf diesem Parkett bewegen können. Auch das wird später eine Rolle bei der Entscheidung spielen, ob sich genügend weitere Investoren finden.

2.7 Reputationsrisiken von außen für Unternehmen in IPO-Prozessen

Im 21. Jahrhundert ist nahezu jede Information von jedem Ort in der Welt zugänglich. Was einmal im Internet steht oder durch die Medien geht, wird Sie für immer begleiten. Das ist Chance und Risiko gleichermaßen. Um ein gutes Reputationsmanagement zu betreiben, sollten Sie sich im ersten Schritt der Risiken bewusst sein, die da auf Sie zukommen. Auf ein paar dieser Risiken möchte ich Sie im Folgenden aufmerksam machen.

2.7.1 Anonymität im Internet

Anonymität macht mutig. Es ist heute kinderleicht, unter einem Fake-Profil einen Shitstorm im Internet loszutreten. Die Gründe, warum Menschen so etwas tun, sind vielseitig. Der verletzte Stolz eines Mitarbeiters, der die Probezeit nicht überstanden hat oder auch bewusste Manipulation durch einen Konkurrenten: Wo auch immer Negativmeinungen herkommen, sie sind erst einmal da und prägen das öffentliche Bild Ihres Unternehmens.

Dieser Umstand lässt sich nicht lösen. Es wird immer eine Gefahr darstellen, dass im Internet jeder zu jederzeit eine beliebige Meinung äußern oder falsche Tatsachen verbreiten kann. Dagegen lässt sich nicht viel ausrichten, außer ein Bewusstsein dafür zu entwickeln, wie wichtig das Reputationsmanagement in diesen Fällen ist und dass Sie auch – und dazu kommen wir noch – im Vorfeld schon einiges tun können, um solchen möglichen Shitstorms den Wind aus den Segeln zu nehmen.

Auf der anderen Seite sollten Sie aber auch die Verbraucher und natürlich Ihre Investoren nicht unterschätzen. Es ist durchaus ein Bewusstsein dafür da, dass Bewertungen nicht immer ehrlich sind. Gerade sehr extreme Schilderungen und Meinungen werden kritisch beäugt und nicht einfach unreflektiert übernommen. Insbesondere dann, wenn Sie über viele Jahre eine positive Reputation aufgebaut haben, dann kann Ihnen eine Negativbewertung im Netz nicht das Unternehmen ruinieren.

2.7.2 Das Internet vergisst nicht

Ich habe es oben schon erwähnt: Das Internet vergisst nichts. Was einmal gesagt oder geschrieben wurde, ist auch nach Jahren noch überall abrufbar. In extremen Fällen können zwar Firmen damit beauftragt werden, bestimmte Informationen oder Datenspuren zu löschen, aber in der Regel bleibt das, was geschrieben ist, abrufbar. Es gibt im Grunde zwei Möglichkeiten, mit negativen Meldungen im Netz umzugehen. Sie können einerseits sehr viel Aufwand betreiben, um diese zu löschen – notfalls auch mit Klagen, wenn es sich um Falschberichte handelt. Empfehlenswerter ist es, rechtzeitig mit dem Reputationsmanagement zu beginnen, noch bevor es überhaupt Handlungsbedarf gibt. Sehr viele positive Einträge können einen oder wenige negative Kommentare sprichwörtlich überspeichern. Selbst wenn es dann vereinzelt Negativmeinungen gibt, haben diese gegenüber vielen positiven Meinungen kaum noch Gewicht. Beim Online-Reputationsmanagement geht es am Ende darum, dass beim Googlen Ihres Unternehmens auf den ersten Seiten ausschließlich positive Einträge erscheinen.

2.7.3 Schlechte Werbung

Schlechte Werbung kann ein echter Imagekiller sein, was tausende von Beispielen belegen. Auch wenn die Werbebranche allgemein sensibler mit Themen wie Sexismus und Rassismus umgeht, kommt es doch immer wieder zu dem einen oder anderen Fauxpas – der dann umso folgenschwerer ist. Ein Beispiel zur Veranschaulichung:

2018 stand der Bierhersteller Heineken unter öffentlichem Beschuss. Er hatte ein Werbevideo herausgebracht, dem ein stark rassistischer Hintergrund unterstellt werden kann. Und das ist ganz unabhängig davon, ob dies bewusst oder einfach aus Unachtsamkeit herausgeschieht. Der Imageschaden ist derselbe. Im Spot ist eine junge (weiße) Frau zu sehen, die an einer Bar sitzt und sichtlich wenig Geschmack an ihrem Weißwein findet. Der aufmerksame Barkeeper bemerkt dies und schiebt ihr über die Länge des Tresens eine Flasche „Heineken Light" zu. Die Flasche gleitet dabei an einer Reihe von dunkelhäutigen Männern vorbei, während der Text „Sometimes lighter is better". Wohlwollend könnte man diesen Satz mit „Manchmal ist leichter besser" übersetzen. Verborgen bleibt wohl aber den wenigsten, dass auch die Deutung „Manchmal ist heller besser" möglich ist. Heineken entschuldigte sich für diesen ganz offensichtlichen Fauxpas, allerdings auch erst dann, als massiv von außen Druck auf das Unternehmen ausgeübt wurde. Eine solche Entschuldigung kann dann wohl auch eher als Schadensbegrenzung gewertet werden, denn als echte Einsicht.

2.7.4 Schlecht platzierte Werbung

Neben schlecht konzipierter Werbung wie im obigen Beispiel belegt eine Studie, dass auch schlecht platzierte Werbung einen Reputationsschaden verursachen kann. Der Grund ist folgender: Immer häufiger setzen Unternehmen Ads ein, die teilweise unkontrolliert aufploppen und sich über den Text legen, den man gerade lesen möchte. Das ist ärgerlich und wird mit Sicherheit nicht dazu führen, dass der Konsument seine spannende Lektüre unterbricht, um mal schnell einen Rasenmäher zu kaufen. Aggressive Anzeigenschaltung prägt sich negativ in die Köpfe der Verbraucher ein und führt zu einer ebenso negativen Markenwahrnehmung. Mit einer solchen Werbung verprassen Sie also nicht nur unnötige Werbebudgets, sondern können sogar noch erheblichen Schaden anrichten. Dazu existiert sogar eine Studie aus dem Jahr 2018, die von dem Unternehmen für Markensicherheit „Cheq", der Medienagentur IPG, BMW und der Entertainment-Plattform Hulu mit insgesamt 2364 Verbrauchern durchgeführt wurde.[5] Die Befragten gaben in dieser Studie sogar an, dass sie hinter schlecht platzierter Werbung Absicht vermuteten. Im Ergebnis gaben 66 % der Befragten an, dass sie durch diese Werbeschaltungen jetzt weniger bereit wären, Produkte dieser Marke zu kaufen, obwohl vorher eine hohe Kaufabsicht vorhanden war. Auch der Kontext, in dem die Werbung eingeblendet wird, spielt bei der Reputation und der Wahrnehmung der Marke eine Rolle. Wird eine Werbung zum Beispiel in einem anstößigen Zusammenhang eingeblendet, gehen nur die wenigsten davon aus, dass dies einfach ein Versehen ist. Es muss im Bewusstsein der Marken ankommen, dass es bei der Werbeplanung nicht auf den günstigsten Anbieter ankommt, sondern auf den, der einen ganzheitlichen Blick auf diese wirft.

Eine weitere negative Auswirkung schlecht platzierter Werbung besteht darin, dass sie bei Verbrauchern den Eindruck erzeugt, dass die Marke an ihrem Interesse vorbei agiert oder anders gesagt: sich nicht für den Kunden interessiert. Das ist in etwa so, als ob Sie in ein Bekleidungsgeschäft gehen und den Verkäufer nach Hosen fragen und dann freundlich in die Abteilung mit Ballkleidern geführt werden. Unternehmen haben heue mannigfaltige Möglichkeiten, Daten über ihre Zielgruppe zu sammeln. Wenn sie diese nutzen, um beispielsweise Bannerwerbung zu machen, dann auch richtig. Halbe Sachen schaden einfach nur der Repu-

---

[5] Absatzwirtschaft: Studie belegt: Schlecht platzierte Werbung ist nicht nur nutzlos, sondern kontraproduktiv für die Marke. https://www.absatzwirtschaft.de/studie-belegt-schlecht-platzierte-werbung-ist-nicht-nur-nutzlos-sondern-kontraproduktiv-fuer-die-marke-144388/. Zugegriffen: 02. Dezember 2021.

tation und werden mit an Sicherheit grenzender Wahrscheinlichkeit mehr schaden als nutzen.

2.7.5 Reputationsschäden durch wirtschaftliche Probleme

Ob es darum geht, Kooperationspartner zu finden oder Spezialisten für das eigene Unternehmen anzuheuern: Das alles geht leichter, wenn ein Unternehmen schwarze Zahlen schreibt, sinnvolle Investitionen tätigt und generell am Puls der Zeit ist. Werden wirtschaftliche Probleme bekannt, dann kann dies am Ende sogar zu einer Abwärtsspirale führen. Welches High Potential möchte in einem Unternehmen anfangen, das vielleicht in sechs Monaten Insolvenz anmeldet? Nicht immer lassen sich wirtschaftliche Probleme vermeiden und auch nicht, dass diese Schwierigkeiten an die Öffentlichkeit gelangen. Es ist dennoch hilfreich, sich über die möglichen Auswirkungen auf die Reputation im Klaren zu sein.

2.7.6 Reputationsschaden durch Führungswechsel

Ein Führungswechsel kann aus unterschiedlichen Gründen erforderlich sein. In jedem Fall ist dies ein sehr kritischer Vorgang, der mit besonderer Vorsicht in einem oftmals ohnehin schon unsicheren Umfeld durchgeführt werden sollte. Gelingt der Führungswechsel nicht, dann steht die gesamte Reputation auf dem Spiel.

Wird eine Führungskraft zum Beispiel gegen ihren Willen entlassen, kann dies erhebliche Auswirkungen auf die gesamte Belegschaft haben. War die Führungskraft schon lange im Unternehmen und haben sich in dieser Zeit starke Bindungen zu den langjährigen Mitarbeitern aufgebaut, dann können bei den Mitarbeitern Gefühle der Angst und der Unsicherheit auftreten. Droht mir jetzt derselbe Rauswurf? Zudem kann auch Wut entstehen, worunter wiederum die Identifikation des Mitarbeiters mit dem Unternehmen leidet. Nicht selten wird beobachtet, dass Entlassungen beliebter Führungskräfte auch reihenweise Kündigungen nach sich ziehen. Bei einem Führungswechsel sollten Unternehmen also im ersten Schritt darauf schauen, was sich intern bewegt.

Neben dem internen Einfluss hat ein Führungswechsel natürlich auch Einfluss nach außen. Jede Führungskraft hat ein Netzwerk aufgebaut, persönliche Verbindungen zu Kunden, Lieferanten, Geschäftspartnern, Pressevertretern etc. aufgebaut. Oftmals sind diese Verbindungen über viele Jahre hinweg aus einem großen Engagement heraus entstanden und sollten mit dem Führungswechsel auf keinen Fall abgeschnitten werden. Diese Verbindungen müssen von den Verantwortlichen erkannt und aufrechterhalten werden. Oftmals sind diese Kontakte von unschätzbarem Wert für Firmen und sollten gerade in der Übergangsphase gestärkt werden.

Im Idealfall wird mit der ausscheidenden Führungskraft ein Übergangsplan entwickelt, in dem alle relevanten Aspekte berücksichtigt werden. Eine planvolle Durchführung ist immer der beste Weg, um am Ende nicht ein Schlachtfeld zu hinterlassen. Denn auch die Öffentlichkeit nimmt wahr, wie Unternehmen mit Mitarbeitern umgehen und ziehen daraus ihre Schlüsse. Dies kann tiefgreifende Auswirkungen darauf haben, wer sich als Kunde, Bewerber und Stakeholder mit einer Marke auch nach einem Führungswechsel weiterhin identifizieren kann.

2.7.7 Zitate und Informationen, die aus dem Kontext gerissen werden

Nicht selten kommt es vor, dass Zitate aus Interviews z. B. mit dem Vorstand aus dem Zusammenhang gerissen und an anderer Stelle wiedergegeben werden, wodurch ein falscher Eindruck erzeugt wird. Ein recht aktuelles Beispiel aus der Coronakrise verdeutlich, wie schnell dies gehen kann.

Auf Facebook machte ein Bild des Virologen Hendrick Streeck die Runde mit dem Zitat: „Wir tun gerade alles, um unserem Immunsystem zu schaden." Eine solche Aussage suggeriert sofort, dass die politischen Maßnahmen scheinbar Menschen krank machen. Das lässt sich natürlich wunderbar für Propagandamaßnahmen nutzen. Betrachtet man diese Aussage aber näher, dann fällt auf, dass sie vollkommen aus dem Zusammenhang gerissen ist. Streeck hat diesen Satz zwar tatsächlich in einem Interview[6] mit dem Stern ausgesprochen, allerdings ging es dabei um eine hypothetische Ausgangssperre. Der Satz fiel in der Beantwortung der Frage, ob sich Streeck für eine Ausgangssperre ausspreche und ob Deutschland die Maßnahmen diesbezüglich verschärfen solle. Die Antwort lautete im Zitat: „Natürlich müssen wir aufpassen, dass wir Distanz wahren und so die Ausbreitung des Virus verlangsamen. Aber wir tun gerade alles, um unserem Immunsystem zu schaden: Wir gehen weniger an die Sonne, bewegen uns kaum noch, ernähren uns womöglich auch noch schlecht. Wir müssen den Leuten doch die Möglichkeit geben, sich fit zu halten, gesund zu bleiben und ihr Immunsystem zu stärken."

Genau solche bewussten „Falschmeldungen" können überall auftauchen und einen Reputationsschaden auslösen. Wie damit umgehen? Das kommt darauf an, wo und wie sich diese Meldung verbreitet. Sie haben dann zum Beispiel die Möglichkeit, eine Richtigstellung zu veröffentlichen und/oder Beiträge in Ihren Social-Media-Kanälen zu veröffentlichen, die das zusammenhanglose Zitat richtigstellen.

2.7.8 Verbreitung von Fake-News

Wir leben in einer Welt der Informationsüberflutung. Wer am Morgen seinen Facebook-Account öffnet, der wird mit diversen geteilten Inhalten beworfen. Was davon wahr ist oder nicht, erfordert eine gründliche Eigenrecherche. Fake-News erfreuen sich oftmals eines großen Interesses vor allem dann, wenn sie eine eigene, vorgefertigte Meinung unterstreichen. Zu beobachten ist dieses Phänomen bei sämtlichen kritischen Themen – begonnen bei der Ausländerpolitik bis hin zu den aktuellen Corona-Maßnahmen.

Der Urheber verbreitet manipulierte und auch falsche Informationen bzw. setzt diese in einen falschen Zusammenhang. Wer seine Meinung in diesem Beitrag bestätigt sieht, klickt auf Teilen. Aus diesem Grund ist das Internet voll von Fake-News, die auch für Unternehmen eine erhebliche

---

[6] Stern: „Ich bin entschieden gegen eine Ausgangssperre". https://archive.md/0aJRD#selection-3829.0-3829.48. Aufgerufen: 03. Dezember 2021.

Gefahr darstellen. Die Schlagzeilen sind oftmals so formuliert, dass sie zahlreiche Interessierte anlocken.

Laut einer Studie aus Oxford[7] werden Nachrichten aus unseriösen Quellen viermal häufiger im Netz geteilt als Informationen aus seriösen Quellen. Reißerische Falschmeldungen lösen in den Rezipienten starke Emotionen aus und haben oftmals eine magnetische Wirkung. Umso höher ist auch die Durchschlagskraft solcher Meldungen.

Insbesondere dann, wenn Sie gerade den IPO-Prozess durchlaufen, können Fake-News massiven Schaden anrichten oder die Unternehmung sogar vereiteln. Für das Reputationsmanagement entstehen daraus große Herausforderungen. Je nachdem, wie gravierend diese Falschmeldungen sind, kann eine Stellungnahme seitens des Unternehmens helfen, zumindest einen Teil der Leser vom Gegenteil zu überzeugen. Hier sind Daten und Fakten von enormer Bedeutung, mit denen Sie das Gesagte widerlegen können.

2.7.9   Prangerseiten im Internet

Prangerseiten sind Websites, auf denen diffamierende Inhalte über Personen oder auch Unternehmen verbreitet werden. Diese Seiten werden selbstverständlich anonym online gestellt, um eigene Ziele zu erreichen, Konkurrenten auszuschalten oder jemandem aus einer persönlichen Rachsucht heraus zu schaden.

Jedes Unternehmen kann im Prinzip Opfer dieser Seiten werden und außer einer guten Vorarbeit durch den Aufbau positiver Inhalte über Ihr Unternehmen lässt sich gegen diese Prangerseiten nicht viel ausrichten. Sie können mit anwaltlicher Hilfe den Urheber der Seiten ausfindig machen und das Löschen veranlassen. Zudem besteht ein großer „Vorteil" darin, dass die Inhalte oftmals so stümperhaft verfasst sind, dass die meisten Seitenbesucher sie recht schnell als Falschinformationen identifizieren.

---

[7] Hutchinson, A.: New Study Shows that Misinformation Sees Significantly More Engagement than Real News on Facebook. https://www.socialmediatoday.com/news/new-study-shows-that-misinformation-sees-significantly-more-engagement-than/555286/. Zugegriffen: 10. Dezember 2021.

2.7.10 Social Bots

Sogenannte Chat Bots leisten vielen Unternehmen treue Dienste und werden kosteneffizient zum Beispiel im Bereich des Kundenservices eingesetzt, um Standardfragen der Kunden zu beantworten. Davon abgrenzend existieren in den sozialen Netzwerken sogenannte Social Bots – fingierte Accounts, die Stimmungen manipulieren und Meinungen beeinflussen.

Diese Fake-Accounts nutzen neue KI-Technologien, um bewusst Desinformationen zu verbreiten. Teilweise werden komplexe Fälschungen massenhaft über diese Social Bots verbreitet. Ein oft genutztes Mittel sind dafür auch alte Bilder, die mit neuen Inhalten und Zitaten in einen vollkommen anderen Zusammenhang gesetzt werden. Das Ergebnis ist immer dasselbe: Es finden sich schnell echte Personen, die diese Inhalte unreflektiert teilen und so zu einer schnellen Verbreitung beitragen.

Betroffen davon sind insbesondere Personen und auch Unternehmen, die in der Öffentlichkeit stehen – wie zum Beispiel Unternehmen im kritischen Zustand des Börsengangs. In den USA werden Social Bots mittlerweile massenhaft zur Manipulation der Wahlen eingesetzt, um Falschinformationen über Politiker und deren Wahlprogramme zu verbreiten. Auf diese Weise können Meinungen der Bevölkerung in großem Stil manipuliert und Wahlergebnisse erheblich beeinflusst werden. Auch in kleinerem Stil werden Social Bots eingesetzt, indem sie zum Beispiel Schmähkritiken über Produkte verfassen oder auf andere Weise Imageschäden anrichten. Zudem werden automatisierte Accounts oftmals massenhaft dazu eingesetzt, negative Bewertungen über Produkte und Dienstleistungen zu verfassen und dadurch auch die Kaufentscheidung der Kunden negativ beeinflussen.

Da die Technologien hinter den Social Bots immer intelligenter werden, ist es kaum möglich, die Schein-Accounts zu identifizieren. Teilweise werden die Accounts auch manuell gepflegt, sodass ein authentisches Nutzerverhalten simuliert wird. Die Technik dahinter ist vergleichsweise simpel. So werden für den Aufbau der Bots vorab aus den sozialen Netzwerken Daten gesammelt, mit denen ein authentisches Nutzerprofil erstellt wird. Wer es sich einfach machen will, der hackt einfach ein bestehendes Nutzerprofil und übernimmt dort das Ruder. Ist ein Bot einmal erstellt, lässt er sich relativ leicht programmieren und steuern. Er kann beispielsweise darauf ausgelegt werden, bestimmte Botschaften auf Twitter zu retweeten oder Hashtags zu generieren. Die kritischen Botschaften werden mit ganz neutralen Themen kombiniert. Durch einprogrammierte Schlafenszeiten wird ein normales Nutzerverhalten simuliert. Bot-Programme können schon Laien zu relativ günstigen Preisen kaufen und selbst einrichten. Soll das Ganze professioneller aufgezogen werden, dann sind die Preise nach oben offen. Laut einer Studie der University of Southern California[8] verbergen sich mittlerweile hinter 15 % aller Twitter-Accounts Social Bots.

Bis dahin: Gut zu wissen, aber was können Unternehmen gegen diese Bedrohung ausrichten? Das Buzzword lautet hier wie immer: Reputationsmanagement. Je früher solche Bots entdeckt werden, desto schneller und erfolgreicher können Sie eingreifen.

2.7.11 Social Engineering

In engem Zusammenhang mit den Bots steht das Thema des Social Engineerings. In jedem Unternehmen kann es zwei Lecks geben, durch die sensible Informationen heraussickern oder auch in das Unternehmen getragen werden (z. B. in Form von Gerüchten um Konkurse, Fusionen etc.). Lecks können technischer Natur sein, oder sie setzen auf den Menschen als Schwachstelle. Das Bundesamt für Sicherheit und Informationstechnik schreibt dazu: „Beim Social Engineering nutzt der Täter den „Faktor Mensch" als vermeintlich schwächstes Glied der Sicherheitskette aus, um seine kriminelle Absicht zu verwirklichen."[9]

Es sind viele unterschiedliche Varianten des Social Engineerings denkbar, bei denen die Täter im Hintergrund immer eine persönliche Beziehung zum Opfer herstellen. Die Herausgabe von sensiblen Firmen-

---

[8]Varol, O. et al.: Online Human-Bot Interactions: Detection, Estimation, and Characterization. https://arxiv.org/pdf/1703.03107.pdf. Zugegriffen: 24. September 2021.
[9]BSI: Social Engineering – der Mensch als Schwachstelle. https://www.bsi.bund.de/DE/Themen/ Verbraucherinnen-und-Verbraucher/Cyber-Sicherheitslage/Methoden-der-Cyber-Kriminalitaet/ Social-Engineering/social-engineering_node.html. Zugegriffen: 10. Dezember 2021.

daten ist entweder an ein Gewinnversprechen geknüpft oder wird durch die Vortäuschung falscher Tatsachen (z. B. gibt sich der Account als Kollege aus einem anderen Team aus) erreicht. Das BSI sagt dazu treffend weiter: „Beim Social Engineering werden menschliche Eigenschaften wie Hilfsbereitschaft, Vertrauen, Angst oder Respekt vor Autorität ausgenutzt, um Personen geschickt zu manipulieren. Cyber-Kriminelle verleiten das Opfer auf diese Weise beispielsweise dazu, vertrauliche Informationen preiszugeben, Sicherheitsfunktionen auszuhebeln, Überweisungen zu tätigen oder Schadsoftware auf dem privaten Gerät oder einem Computer im Firmennetzwerk zu installieren." Am Ende glaubt der betreffende Mitarbeiter, er würde mit einer vertrauenswürdigen Person oder einer bereits bekannten/vertrauten Person sprechen und ist sich darüber nicht im Klaren, dass er/sie gerade zur Sicherheitslücke des Unternehmens wird.

Wie können Sie Social Engineering in Ihrem Konzern verhindern? Der Softwarekonzern Datev hat eine Informationsbroschüre[10] veröffentlicht, in dem das Thema Social Engeneering als Risiko für die Sicherheit und die Reputation des Unternehmens thematisiert wird. Einerseits klärt die Broschüre Mitarbeiter über dieses Risiko auf, andererseits werden auch Handlungsempfehlungen gegeben. Als besonders gefährdet seien laut Datev Unternehmen, bei denen die Mitarbeiter häufig in Kontakt mit unternehmensfremden Personen stehen. Wichtig ist, dass diese Personen für die Gefahr des Social Engineering sensibilisiert und auch über die übliche Vorgehensweise der Täter aufgeklärt werden. Meistens geben die Täter vor, Mitarbeiter aus dem eigenen Unternehmen, einem Telekommunikationsunternehmen oder der Bank zu sein und leiten die Mitarbeiter auf eine präparierte Webseite weiter. Das BSI gibt auf der Webseite ein typisches Beispiel für die Vorgehensweise an.

Beispiel für Social Engineering
Ein Mitarbeiter wird von einem angeblichen Systemadministrator angeschrieben oder angerufen mit der Bitte, das Passwort herauszugeben,

---

[10] Deutschland sicher im Netz e.V.: Verhaltensregeln zum Thema „Social Engineering". https://www.sicher-im-netz.de/sites/default/files/download/leitfaden_social_engineering.pdf. Zugegriffen: 24. September 2021.

um neue Systemeinstellungen zu hinterlegen. Manchmal werden auch fingierte Bestätigungslinks angeblich aus der Technik des Hauses versendet, die dann ebenfalls zu manipulierten Seiten weiterleiten.

Die technische Kommunikation wird gerne genutzt, um solche Manipulationsversuche zu starten. Oftmals informieren sich die Täter vorab auch in den sozialen Netzwerken über die Mitarbeiter und kommen mit ihnen über die Hobbys oder angeblich andere Gemeinsamkeiten ins Gespräch. Das BSI klärt darüber auf, dass die häufigste Form des Social Engineering das ‚Phishing' ist – übersetzt das „Fischen nach Passwörtern". Mitarbeiter erhalten eine täuschend echt wirkende Mail und werden dazu motiviert, zu klicken. Auf diese Weise können Passwörter und Anmeldeinformationen ausspioniert oder Spionage-Software installiert werden. Die Schwachstelle Mensch als schwächstes Glied in der Sicherheitskette des Unternehmens wird hier sprichwörtlich ausgenutzt.

2.8   Reputationsrisiken von innen

„Angriffe" auf Ihre Reputation können nicht nur von außen kommen, sondern auch im Inneren des Unternehmens entstehen. Auch dafür möchte ich Sie in diesem Buch sensibilisieren, da sie nicht weniger verheerend für Ihr IPO sein können.

2.8.1   Reputationsschaden durch Führungsfehler

Eine schlechte Führung kann jedes Engagement im Keim ersticken. Zu den häufigsten Gründen für eine Kündigung gehört ein schlechtes Verhältnis zum Vorgesetzten, fehlende Wertschätzung oder andere Gründe, die sich durch eine schlechte Führung ergeben. Es ist heute nicht mehr die Bezahlung das Hauptargument dafür, dass Mitarbeiter in einem Unternehmen bleiben und sich mit ihren Aufgaben identifizieren. Viel mehr möchten sie im Rahmen einer guten Work-Life-Balance sinnerfüllte Aufgaben erledigen und dafür auch die entsprechende Wertschätzung bekommen.

Zu den häufigsten Führungsfehlern gehört es, dass Mitarbeiter kaum Aufstiegschancen bekommen. Sie beginnen auf einer Position, bekommen dann aber keine Möglichkeit mehr, sich weiterzuentwickeln. Es herrscht Stillstand, Unzufriedenheit kommt auf und in der Folge dann auch schnell die Wechselbereitschaft. Ein großes Problem haben Führungskräfte häufig damit, Aufgaben zu delegieren. Sie raffen lieber alle verantwortungsvollen Aufgaben an sich und geben ihren Mitarbeitern das Gefühl, nutzlos zu sein. Auch fehlendes Feedback, fehlende Empathie und mangelndes Vertrauen führen dazu, dass in einem Team kein Wir-Gefühl entsteht. Die Liste ließe sich noch weiter fortführen, allerdings sollte diese Auflistung als Eindruck dafür reichen, an welchen Stellen es in der Führungsetage oftmals noch hapert.

Mitarbeiter, die „Opfer" einer schlechten Führung wurden oder das Gefühl haben, nicht wertgeschätzt zu werden, machen gerne ihrem Ärger öffentlich Luft. Dafür werden beispielsweise Arbeitgeber-Bewertungs-Plattformen genutzt oder auch die eigenen Social Accounts. Manchmal machen unzufriedene Mitarbeiter auch intern Stimmung und infizieren andere, die diesen Grad der Unzufriedenheit noch nicht erreicht haben. In jedem Fall kann durch unzufriedene Mitarbeiter ein erheblicher Imageschaden entstehen, wenn sie öffentlich über ihren Unmut sprechen.

2.8.2 Schlechte Kommunikation

Mitarbeiter sollten aus zwei Gründen so gut es geht in die unternehmerischen Prozesse und Entscheidungen einbezogen werden. Einerseits entsteht durch das „Mitnehmen" jedes Einzelnen ein Wir-Gefühl und damit gleichzeitig eine emotionale Verbundenheit mit dem Unternehmen. Mitarbeiter, die Teil der Prozesse sind, fühlen sich wertgeschätzt und zeigen weniger Wechselbereitschaft – selbst dann, wenn sie von einem Konkurrenten mehr Geld angeboten bekommen.

Auf der anderen Seite verbreiten sich durch eine mangelnde Kommunikation schneller Gerüchte in der Kaffeeecke. Die eine hat von dem anderen gehört, dass das Unternehmen rote Zahlen schreibt und zeitnah erste Entlassungen anstehen. Wie reagieren verängstigte Mitarbeiter auf so eine Nachricht, die doch wohl stimmen muss, wenn sie von Herrn

Schmidt aus der Postabteilung stammen? Sie sehen zu, dass sie schnellstmöglich woanders unterkommen, noch bevor die Kollegen ihre Bewerbungen versenden.

Hier gilt die Devise: Kommunikation schützt vor der Verbreitung von Gerüchten. Je besser Sie Ihre interne Kommunikation aufbauen, desto geringer ist die Chance, dass sich beim Kaffeeklatsch Falschnachrichten verbreiten.

2.8.3 Schlechte Qualität

Jedes Reputationsmanagement läuft ins Leere, wenn die Qualität der Produkte und Dienstleistungen nicht stimmt. Was früher in Offline-Zeiten nur kleine Kreise zog, verbreitet sich heute in Windeseile über das Internet. Kunden nutzen die Chance, Produkte zu bewerten, oftmals vor allem dann, wenn sie unzufrieden sind. Kauft jemand heute etwas auf Amazon, dann liest er sich vorab mit an Sicherheit grenzender Wahrscheinlichkeit die Bewertungen und Empfehlungen anderer Kunden durch. Würden Sie ein Produkt kaufen, dass auf der Handelsplattform nur 2/5 Sternen bekommen hat?

Ja – manchmal sind diese Bewertungen gefälscht, aber Amazon und auch andere Bewertungsplattformen entwickeln immer intelligentere Maßnahmen, gefälschte Bewertungstexte herauszufiltern oder sie gar nicht erst zu veröffentlichen. Der Begriff der Qualität bezieht sich dabei nicht nur auf die Produkte und Dienstleistungen, sondern auch auf den Kundenkontakt und den Kontakt mit allen Stakeholdern.

Daher sollten Sie keine Kompromisse bei Ihrer Produkt- oder Dienstleistungsqualität eingehen und erst wenn hier alles stimmt, mit dem Reputationsmanagement beginnen.

2.8.4 Negativer Ruf

Der schlechte Ruf einer einzelnen Person kann sich auf das gesamte Unternehmen übertragen. Ein Beispiel: Es steht ein Führungswechsel an und die neue Führungsperson hat einen schlechten Ruf, weil sie vorab Steuerhinterziehung begangen hat oder anderweitig negativ aufgefallen ist. Einen solchen Ruf legt niemand an der Haustür ab, sondern meistens überträgt er sich leicht auf das neue Unternehmen. Auch wenn ein langjähriges Führungsmitglied plötzlich in Konflikt mit dem Gesetz kommt, gilt es genau abzuwägen, ob die Person noch weiter tragbar ist oder ob sich dadurch auch ein Reputationsschaden für die ganze Firma ergeben kann. Bedenken Sie, das sich manchmal auch die Mitarbeiter und Stakeholder nicht mit einem Chef identifizieren können, der aufgrund von Datenmanipulationen vor Gericht stand oder der Steuerhinterziehung angeklagt ist.

2.8.5 Realitätsverlust

Sie kennen das sicher aus vielen Bereichen Ihres privaten oder beruflichen Lebens: Manchmal sieht man den Wald vor lauter Bäumen nicht. Die Fähigkeit, die eigene Reputation richtig einzuschätzen, kann nicht einfach so vorausgesetzt werden. Ich beobachte in der Zusammenarbeit mit Unternehmen häufig das Phänomen, dass Manager mit zunehmendem Erfolg das Gespür dafür verlieren, wie es um die eigene Reputation bestellt ist. Je größer die Erfolge werden, desto mehr steigen auch der Druck und die Aufmerksamkeit der Öffentlichkeit. Und desto größer ist auch das Risiko, dass es zu Angriffen auf die eigene Reputation kommt. Tatsächlich ist diese Furcht nicht unbegründet. Denn nur ein falscher Auftritt oder ein missverstandenes Interview des Managers kann schnell eine Kehrtwende bringen. Unter diesem Druck können sich Manager verändern. Es kann eine Unsicherheit entstehen, die Signale missversteht oder sie falsch interpretieren lässt. Ist erst mal eine Welle ins Rollen gekommen, dann wird auch schnell mal Unangenehmes oder Kritisches „übersehen" oder als nicht so kritisch eingestuft, wie es vielleicht in der Realität ist. An der Führungsspitze kann es oftmals sehr einsam sein. Diese Isolation kann den Blick für die eigene Reputation erheblich schwächen.

2.9   Beispiele von Börsenabstürzen durch schlechte Reputation

Eine schlechte Reputation kann Schäden auf verschiedenen Ebenen nach sich ziehen. Unternehmen mit einem negativen Image haben es schwerer, neue Mitarbeiter zu finden und insbesondere beim Gang an die Börse kann der schlechte Ruf verantwortlich für das Scheitern des Börsenganges sein. Anbei ein paar Beispiele von Konzernen, deren Reputationsschaden einen Börsencrash nach sich gezogen hat.

2.9.1   Dieselaffäre bei VW

Im Jahr 2020 war dieser Skandal in aller Munde. In den USA hatte VW die Dieselmotoren-Abgaswerte gefälscht und damit die wohl größte Krise in der Geschichte des Unternehmens ausgelöst. Das war passiert: 2015 stellte sich heraus, dass die Stickoxidwerte von VW-Dieselfahrzeugen die Angaben von VW um ein Vielfaches überstiegen. Die Entscheidung, eine manipulierte Software in Diesel-Fahrzeuge einzubauen, soll bereits zwischen 2005 und 2006 in der Abteilung für Motorenentwicklung in Wolfsburg gefallen sein. Bereits 2014 waren bei einer Studie des Forschungsinstitutes in den USA erhöhte Emissionswerte bei einigen VW-Modellen aufgefallen. Es kam schon hier zu Absatzproblemen in den USA, durch die Volkswagen 7 % der Marktanteile verlor. Bis Anfang 2015 wurden 100.000 Fahrzeuge zurückgerufen. Und jetzt kam es – aus meiner Sicht – zu einem schweren Fehler, durch den erst ein solcher Reputationsschaden entstehen konnte. Volkswagen USA räumte im September 2015 gegenüber der US-Umweltbehörde EPA Manipulationen der Abgaswerte ein. Statt jetzt auch den Weg in die Öffentlichkeit zu gehen, schwieg der Konzern und ließ Kunden im Dunkeln.

Wie vorauszusehen, bekam natürlich auch schnell die Presse Wind und die Manipulation der Abgaswerte weitete sich zu einem Skandal aus. Nachdem am 21. September 2015 umfangreiche Ermittlungen durch das US-Justizministerium in Washington D.C. angekündigt wurden, gab es eine erste, öffentliche Stellungnahme des VW Amerika-Chefs. Nach

Börsenhandelsschluss brach der Aktienkurs des Autobauers um mehr als 22 % ein. Dabei blieb es aber nicht. Dem Konzern wurde vorgeworfen, den Aktienmarkt zu spät über den Skandal informiert zu haben. Demnach konnten VW- und Porsche-Aktionäre Schadensersatz-Ansprüche aufgrund des Kursverlustes von VW anmelden.

Börsennotierte Unternehmen haben die Pflicht, die Öffentlichkeit schnell und umfassend über Insider-Informationen aufzuklären. Sie müssen über alle Faktoren informiert werden, die Einfluss auf den Aktienkurs haben könnten. Wer als Unternehmen an der Börse agiert, muss auch diese Pflichten im Blick haben und sollte sauber arbeiten. Die VW-Reputation hat durch die Dieselaffäre erheblich gelitten. Das Manager Magazin führte 2018 ein Interview[11] mit Tomasz de Crignis, Partner bei Biesalski & Company. Die Markenberatung führte kurz davor eine Studie zum Thema Reputation durch. Zum Ergebnis sagte De Crignis bezüglich des Reputationsverlustes durch den Skandal: „Die Automobilhersteller haben über Jahre eine sehr hohe Reputation genossen, davon können sie im Moment noch zehren. Aber die Situation ist sehr kritisch. Der Ruf von VW ist beispielsweise massiv abgestürzt und liegt nur noch bei 59 Prozentpunkten. Bei unserer ersten Erhebung 2012 waren es noch 79 von 100 möglichen Punkten." Der zweite Interviewpartner Joachim Schöpfer, Managing Partner bei Serviceplan, gab dennoch einen positiven Ausblick: „[Der Konzern] hat auch gute Chancen, etwa das Zukunftsthema E-Mobilität für sich zu nutzen und am eigenen Image zu feilen."

Was können andere Unternehmen daraus lernen? Ein solcher Fauxpas wie die Dieselaffäre kann das Image eines Unternehmens nachhaltig schädigen, massive Einbrüche an der Börse verursachen und dadurch vor allem das Vertrauen der Aktionäre ruinieren. Und auch das der Kunden, denn am Ende zeigt ein solcher Manipulationsversuch eine fehlende Nähe zum Kunden.

---

[11] Mehringer, M.: Reputation – Konzerne spielen mit ihrem guten Ruf. „VW muss auf jeden Fall aufpassen". https://www.manager-magazin.de/unternehmen/autoindustrie/volkswagen-vw-reputation-hat-drastisch-gelitten-a-1229320.html. Zugegriffen: 10. Dezember 2021.

2.9.2   Die Deutsche Bank in der „Todesspirale der Reputationsvernichtung"

Bei der Deutschen Bank war es nicht einer, sondern gleich eine ganze Reihe von Skandalen, die zu einem nachhaltigen Reputationsschaden geführt hat. Mittlerweile blickt die Deutsche Bank auf eine über 150 Jahre alte Geschichte zurück. Das zeugt von Beständigkeit und einem gewissen Vertrauen der Kunden, ihr Geld dort sicher angelegt zu wissen. Doch eine Reihe von Skandalen erschütterte die Reputation des Konzerns, die ich an dieser Stelle gar nicht minutiös ausführen möchte. Begonnen hat die Abwärtsspirale mit Hypothekengeschäften in den USA, die als einer der Auslöser der Finanzkrise galten. Hinzu kam ein Skandal um Geldwäsche-Geschäfte in Russland, um Zinsmanipulationen und um Geschäftsbeziehungen mit dem mittlerweile verstorbenen Milliardär Jeffrey Epstein, der aufgrund von Sexualstraftaten mit Minderjährigen vor Gericht stand.

All diese Skandale führten in der Vergangenheit zu einem erheblichen Reputationsschaden. Gleichzeitig landeten auch die Aktien der Deutschen Bank im Keller. Innerhalb von 10 Jahren verlor die Deutsche-Bank-Aktie 75 % von ihrem Wert.

Ihr Transfer in die Praxis

- Identifizieren Sie Ihre Reputationsrisiken
- Arbeiten Sie daran, Image-Risiken zu senken
- Behalten Sie Ihre Reputation immer im Blick

Weiterführende Literatur

Gehrt, R.: Was ist ein IPO? – Börsengang einfach erklärt. https://www.lynxbroker.de/boerse/boerse-kurse/aktien/ipo/was-ist-ein-ipo/. Zugegriffen: 12. November 2021.

Richter, N. u. a.: Sind Unternehmen für die künftigen Anforderungen der Nachhaltigkeitsberichterstattung gewappnet? https://www.ey.com/de_de/de-

carbonization/6-faktoren-die-in-bezug-auf-die-csr-richtlinie-2-0-wichtig-sind. Zugegriffen: 26. November 2021.
EY: Ihr Börsengang und die Zeit danach. https://assets.ey.com/content/dam/ey-sites/ey-com/de_de/topics/ipo/ihr_boersengang_und_die_zeit_danach.pdf. Zugegriffen: 26. November 2021.
Haufe Online Redaktion: Rassismus in der Werbung – folgenschwerer Image- und Umsatz-Killer. https://www.haufe.de/compliance/management-praxis/rassismus-in-der-werbung-als-folgenschwerer-image-killer_230130_447890.html. Zugegriffen: 02. Dezember 2021.
Mehringer, M.: Reputation – Konzerne spielen mit ihrem gutem Ruf. „VW muss auf jeden Fall aufpassen". https://www.manager-magazin.de/unternehmen/autoindustrie/volkswagen-vw-reputation-hat-drastisch-gelitten-a-1229320.html. Zugegriffen: 10. Dezember 2021.
Böhme, H.: Deutsche Bank: Eine lange Geschichte von Skandalen. https://www.dw.com/de/deutsche-bank-eine-lange-geschichte-von-skandalen/a-54978467. Zugegriffen: 10. Dezember 2021.

3

Reputationsmanagement

Was Sie in diesem Kapitel erfahren

- In welchen unternehmerischen Bereichen das Reputationsmanagement eine Rolle spielt
- Wie ein beispielhaftes Reputationsmanagement in der Praxis aussieht
- Welche Maßnahmen Sie ergreifen können, um Ihre Reputation in die richtige Richtung zu lenken

Um als Unternehmen im IPO-Prozess mit einem guten Ruf an die Börse zu gehen und diesen auch zu verteidigen, reicht es nicht aus, nur nicht unangenehm aufzufallen. Ein professionelles Reputationsmanagement ist unverzichtbar, wenn Sie langfristig in der Wirtschaft bestehen wollen. Es gibt zwei Schlüssel, mit denen Sie Ihre Reputation beeinflussen können; Fakten schaffen und die Kommunikation verbessern. Was ein Reputationsmanagement ist und wie es sich in die Praxis umsetzen lässt, ist Teil dieses Kapitels

3.1   Warum ist Reputationsmanagement in IPO-Phasen so wichtig?

Im Kap. 2 haben Sie schon etwas darüber gelesen, welche Vorteile ein gutes Reputationsmanagement mit sich bringt. Sie bauen Vertrauen gegenüber Kunden, Aktionären und sämtlichen Stakeholdern auf, generieren Wettbewerbsvorteile und schlussendlich lässt sich eine gute Reputation auch in geldwerte Vorteile übertragen.

Vorab möchte ich Sie aber für eines sensibilisieren: Reputationsmanagement sollte nicht als aktive Manipulation verstanden werden, berechtigte Kritik mithilfe eines Anwaltes einfach wegzuklagen. In meinem Verständnis geht es bei dem Reputationsmanagement darum, zunächst ehrlich den Ist-Zustand zu ermitteln und wenn nötig, den Finger in die Wunde zu legen. Nur dann, wenn die Leichen aus dem Keller geholt werden, kann sich über lange Zeit eine gute Reputation aufbauen. Alles andere zögert lediglich den großen Crash hinaus. Aus meiner Erfahrung heraus weiß ich, dass oftmals erst durch das Reputationsmanagement Probleme überhaupt ans Tageslicht kommen, die vorab nicht als solche identifiziert wurden. Die Reihenfolge sollte also unbedingt eingehalten werden: Ist-Zustand ermitteln, Strategie entwickeln, Maßnahmen umsetzen, Monitoring. Bevor wir aktiv in die Praxis des Reputationsmanagements einsteigen, möchte ich nachfolgend noch auf zwei wichtige Punkte eingehen.

3.1.1   Einfluss des Reputationsmanagements auf das Suchmaschinenranking

Was oftmals in der Abwägung darüber fehlt, wieviel Energie ein Unternehmen in IPO-Prozessen in ein gutes Reputationsmanagement stecken sollte, ist der Umstand, dass die Reputation ein entscheidender Faktor im Bereich der Suchmaschinenoptimierung ist. Google hat als Suchmaschine das Bestreben, den Nutzern möglichst das beste Ergebnis auf eine Suchanfrage zu liefern. Was nicht passieren soll ist demnach, dass Besucher auf eine Seite geleitet werden, auf der sie ein schlechter Service oder schlechte Produkte erwarten. Umso wichtiger sind also positive Signale aus Bewertungsportalen, die der Suchmaschine signalisieren, dass sie die Seite des Unternehmens uneingeschränkt weiterempfehlen kann.

Mit dem E-A-T-Score (steht für: Expertise – Authoritativeness – Trustworthiness) hat Google die Reputation zu einem wichtigen Rankingfaktor gemacht. Autorität, Vertrauen und ein gewisser Status im Netz sind seit jeher im geschäftlichen Umfeld eine wichtige Basis für den Erfolg – offline. Nun werden diese Faktoren in Algorithmen verwandelt, mit denen Google die Qualität eines Firmenauftrittes im Internet bewertet. Der sogenannte E-A-T-Score hängt stark von Backlinks und Erwähnungen über das Unternehmen im Internet ab. Google hat selbst bekannt gegeben, dass Portale wie Yelp oder Amazon im Bereich des Shoppings als Faktor in die Bewertung einbezogen werden.

Es gibt zahlreiche Stellschrauben, mit denen Sie den E-A-T-Faktor online beeinflussen können. An dieser Stelle gebe ich einen kleinen Einblick in die Arbeit, die Sie – je nach Ist-Zustand – noch vor sich haben, wenn Sie online mit einer guten Reputation Ihr Ranking in den Suchmaschinen beeinflussen möchten.

1. Transparenz auf der Webseite

Kunden möchten heute mehr über das Unternehmen wissen, dem sie ihre Kreditkartennummer anvertrauen. Umso wichtiger ist ein authentischer Firmenauftritt im Internet. Die eigene Webseite bietet sehr viele Potenziale, den E-A-T-Faktor zu stärken. Sie können eine transparente „Über uns"-Seite gestalten und dort Mitarbeiter in Schlüsselpositionen vorstellen. Sie können Unternehmensvideos drehen und darin einen realen Einblick in den Unternehmensalltag geben, Kunden mitnehmen und innerhalb von zwei Minuten Ihrem Unternehmen ein Gesicht geben.

Sie können echte Kundenbewertungen auf die Seite einbinden oder auch Ihre Mitarbeiter bitten, ein paar Worte über ihren Arbeitgeber zu verlieren. Zudem können Unternehmen durch die eingebundenen Inhalte Expertise ausstrahlen. Auch die Sicherheit der Datenübertragung spielt eine Rolle, wenn eine Firmenwebseite Vertrauen ausstrahlen soll. Daher ist am Ende auch eine gute Content-Marketing-Strategie ein Teil des Reputationsmanagements.

2. Gepflegte Social-Media-Auftritte

Der E-A-T-Score wird auch über den Auftritt in den sozialen Netzwerken ermittelt. Ob Sie dort einen eigenen Auftritt haben oder nicht: Gesprochen wird mit an Sicherheit grenzender Wahrscheinlichkeit über Sie. Ihr Bestreben sollte es sein, dass Sie über Ihre Facebook-Seite viele positive Bewertungen generieren. Das gelingt – wie bereits erwähnt – durch gute Arbeit, hochwertige Produkte, einen freundlichen Service.

3. Bewertungen von Arbeitnehmern und Stakeholdern

Es lohnt sich, dass Sie sich aktiv um authentische Arbeitgeberbewertungen bemühen und möglichst auch von Kunden, Zulieferern und Geschäftspartnern. All diese Signale wertet Google aus, um die Vertrauenswürdigkeit und die Reputation eines Unternehmens zu messen. Und übrigens: Auch Kunden stolpern über diese Meinungsäußerungen und bilden sich ihre eigene Meinung.

Dieser kurze Exkurs in Richtung des Online Marketings zeigt, wie wichtig es ist, beim Reputationsmanagement nach links und rechts zu schauen. Eine positive Reputation hat nicht nur unmittelbare Auswirkungen, sondern strahlt auch in andere Unternehmensbereiche aus.

3.1.2 Einfluss der Digitalisierung auf die Reputation

Wir leben im Zeitalter der Digitalisierung. So weit, so bekannt. Meinungen bilden sich heute nicht mehr im Tante-Emma-Laden, sondern im World Wide Web. Drum ist das Reputationsmanagement für Unternehmen in IPO-Phasen in erster Linie ein Online-Reputationsmanagement. Kunden haben in den vergangenen Jahren eine erhebliche Stärkung in ihrer Position erhalten. Während sie sich früher im Stillen über eine schlechte Produktqualität geärgert haben, können sie ihrem Ärger heute über den ganzen Erdball verteilt Luft machen. Dieser Umstand birgt gleichermaßen Risiken wie auch Chancen. Ein Negativbericht gelangt binnen Sekunden einmal um die Welt. Ein positiver aber auch. Daher: Sehen Sie die Digitalisierung daher vor allem als Chance, sich ein positives Image aufzubauen und davon langfristig zu profitieren.

3.2 Reputationsmanagement in der Praxis

Für das Reputationsmanagement braucht es neben dem Bewusstsein für die Relevanz dieses wichtigen Erfolgsfaktors eine strategische Vorgehensweise. Dafür gibt es keinen festgelegten Fahrplan, der massenhaft in Kopie in den Schubladen von Agenturen liegt, die sich auf das Reputationsmanagement spezialisiert haben. Vielmehr muss jedes Unternehmen in seiner Einzigartigkeit betrachtet und dort abgeholt werden, wo es steht.

3.2.1 Der Ist-Zustand: Wie ist es um die eigene Reputation bestellt?

Der Anfang jeder guten Reputationsstrategie ist die Bestimmung des Ist-Zustandes. Das ist naturgemäß nicht ganz so einfach wie die Ermittlung der Umsatzzahlen, für die es eine klare Zahlenbasis gibt. Reputation wird von vielen Unternehmen als eine Art „Bauchgefühl" wahrgenommen, ob man nun mehr Gutes oder mehr Schlechtes über ein Unternehmen im Internet findet. Tatsächlich lassen sich aber auch dafür KPIs definieren, die als Basis für das anschließende Reputationsmanagement dienen.

In einer Studie zum Thema Reputation[1] aus dem Jahr 2020 wurden 2200 Führungskräfte aus insgesamt 22 Ländern dazu befragt, welche Relevanz das Thema der Reputation in ihrem Unternehmen für den eigenen Marktwert hat. Dabei kam heraus, dass die Führungskräfte aus allen Märkten der Reputation 63 % ihres Marktwertes zuschrieben. Spannend war ebenfalls die Antwort auf die Frage, welche Faktoren dabei die Reputation des eigenen Unternehmens entscheidend beeinflussen würden. An der Spitze stand dabei die Qualität der Produkte, Leistungen und Services, dicht gefolgt von der Kompetenz der Mitarbeiter und dem Engagement des Kundenservices. Und wer prägt das öffentliche Bild? Laut der Studie sind es zu 87 % die Kunden, die entscheidend das öffentliche Bild eines Unternehmens steuern. Gleich dahinter kommen mit 86 % die In-

---

[1] Heimann, G. et al.: „The State of Corporate Reputation in 2020: Everything Matters Now". https://www.webershandwick.com/wp-content/uploads/2020/01/The-State-of-Corporate-Reputation-in-2020_executive-summary_FINAL.pdf. Zugegriffen: 17. Dezember 2021.

vestoren, mit 83 % die Arbeitnehmer, mit 80 % die Geschäftspartner, zu 75 % die Netzwerkpartner, mit 68 % die Teilnehmer in sozialen Netzwerken und das Schlusslicht bildeten mit 66 % Nicht-staatliche Nonprofit-Organisationen.

Die Studie kommt zu dem Ergebnis, dass die Bedeutung der Unternehmensreputation und die Notwendigkeit eines Reputationsmanagements zu einem großen Teil in den Unternehmen angekommen ist. Die Unternehmensreputation ist längst nicht nur die Anzahl der Sterne auf einem Bewertungsportal, sondern sie wird von zahlreichen Faktoren beeinflusst. Viele Firmen – unabhängig von ihrer Größe haben ein Bewusstsein dafür entwickelt, wie gefährlich es sein kann, Reputationstreiber oder bestimmte Interessengruppen zu übersehen, denn die Reputation – und auch das hat die Studie gezeigt – trägt wesentlich zum Marktwert eines Unternehmens bei.

Aus diesen Erkenntnissen sollte sich für Ihr IPO die Erkenntnis ergeben, dass das Reputationsmanagement sich einen Platz ganz oben auf der Agenda jedes Unternehmens verdient hat. Im Nachfolgenden stellen wir Ihnen wichtige Kennzahlen vor, anhand derer Sie sich einen konkreten Eindruck vom Ist-Zustand Ihrer Reputation bilden können.

3.2.1.1   Bilanzen des Unternehmens

In der genannten Studie gaben 44 % der befragten Führungskräfte an, dass die Entwicklung der Finanzen auch ein wichtiger Indikator für die Reputation ist. Eine Kurve, die nach oben steigt, ist ein Hinweis darauf, dass das Unternehmen auf einem guten Ruf aufbaut. Zeigt die Kurve einen Negativtrend, dann sollten Sie genauer hinsehen und als mögliche Ursache auch einen Reputationsschaden in Betracht ziehen. Ist vielleicht das Vertrauen der Kunden in Ihre Produkte und Leistungen gesunken und aus diesem Grund auch die Umsatzzahlen. Vielleicht wurden auch bislang unbemerkt Falschmeldungen über Ihre Firma in Umlauf gebracht oder es häufen sich negative Bewertungen? Die Zahlen müssen immer kritisch bewertet werden. Ein guter Umsatz lässt nicht automatisch Rückschlüsse auf eine gute Reputation zu und umgekehrt. Es sind lediglich Indizien und Trends, die eine detailliertere Betrachtung verlangen.

3.2.1.2 Umfragen

Umfragen sind ein starkes Instrument, um einen Meinungstrend zu bekommen. Sie können bei Kunden, Mitarbeitern, Lieferanten und anderen Stakeholdern durchgeführt werden. All diese Personenkreise haben eine Beziehung zum Unternehmen und dadurch auch automatisch eine Meinung zum Image bzw. der Reputation. Umfragen dieser Art können über einen passenden Anbieter nahezu automatisiert durchgeführt werden. Wichtig ist, dass Sie sich vorab genau überlegen, was Sie eigentlich genau erfassen wollen und welche Fragen dafür sinnvoll sind. Außerdem müssen Sie definieren, ob Sie lieber geschlossene Antworten erheben möchten oder konkrete Anregungen über offene Fragen erhalten möchten:

Mit einer Reputationsumfrage können Sie genau zwei Dinge erreichen. Einerseits können Sie Schwachpunkte identifizieren. Ein Beispiel: Eine Kundenumfrage zeigt, dass sie zwar mit der Qualität der Leistungen, aber nicht mit dem Kundenservice zufrieden sind. Sie können daraus eine konkrete Handlungsoption ableiten und den Kundenservice optimieren. Ob die Maßnahmen das Ziel erreicht haben, können Sie nach einem bestimmten Abstand in einer zweiten Umfrage überprüfen. Auf der anderen Seite können Sie anhand der Ergebnisse die Potenziale identifizieren.

Anonyme Umfragen liefern ehrliche Ergebnisse. Muss der Mitarbeiter seinen Namen in das Formular eintragen, dann können Sie den Zettel mit der Frage, wie der- oder diejenige den Führungsstil des direkten Vorgesetzten bewertet, auch direkt entsorgen. Bei offenen Umfragen entsteht oftmals ein Interessenkonflikt. Sie können es alternativ auch Ihren Mitarbeitern freistellen, ob Sie die Antworten anonym geben oder diese personalisieren.

Reputation entsteht immer von innen nach außen. Bevor Sie also die Meinungen von Kunden erheben, sollten Sie Ihre Mitarbeiter zu Wort kommen lassen und genau zuhören, wo sie Stärken und Schwächen des Unternehmens erkennen. Es haben sich in der Praxis verschiedene Fragestellungen als sinnvoll erwiesen, für die ich Ihnen im Folgenden einige Impulse an die Hand geben möchte.

- *Mitarbeiterzufriedenheit*
  Mit einer Umfrage zur Mitarbeiterzufriedenheit messen Sie die Reputation Ihres Unternehmens von innen heraus. Nur, wenn Sie ein stabiles Umfeld für Ihre Mitarbeiter geschaffen haben, in denen sie sich weiterentwickeln können, in dem sie Verantwortung übernehmen und sich einbringen können, kann eine solide Basis entstehen. Sie werden es niemals schaffen, nach außen ein positives Bild zu erzeugen, wenn im Inneren der Firma massive Konflikte toben. Wie können die Fragen einer Umfrage zur Erhebung der Mitarbeiterzufriedenheit aussehen? Ein paar Ideen und Beispiele:

+ Warum bleiben Sie wwin der Firma?
+ Warum würden Sie die Firma verlassen?
+ Wie zufrieden sind Sie mit Ihrem Arbeitsplatz?
+ Sehen Sie Möglichkeiten der Weiterentwicklung?
+ Sehen Sie sich in 5 Jahren immer noch in der Firma?
+ Bekommen Sie ausreichend konstruktives Feedback?
+ Können Sie Kritik offen anbringen?
+ Haben Sie einen guten Kontakt zu Ihren Kollegen?
+ Wie empfinden Sie die Atmosphäre?
+ Werden Sie fair bezahlt?
+ Stimmen Sie mit den Werten des Unternehmens überein?
+ Haben Sie eine gute Work-Life-Balance?
+ Was kann die Organisation verändern, um Ihre Zufriedenheit zu erhöhen?
+ Würden Sie Ihren Arbeitgeber Freunden empfehlen?

Finden Sie über die Umfrage heraus, warum Ihre Mitarbeiter im Unternehmen bleiben, was sie hält und was sie sich wünschen, um sich auch längerfristig mit ihrer Arbeit identifizieren zu können. Ihre Mitarbeiter sind es, die im Kontakt mit Kunden und anderen Stakeholdern stehen und damit ein Bild des Unternehmens nach außen transportieren. Kunden, Postboten, Lieferanten und Geschäftspartner spüren intuitiv, ob ein Mitarbeiter Dienst nach Vorschrift macht, oder eine persönliche Motivation an den Tag legt. Sie nehmen auch wahr, wenn es bei jedem Kontakt mit dem Unternehmen neue Ansprechpartner gibt, weil die bestehenden nach spätestens drei Monaten die Flucht nach vorn angehen und dadurch eine hohe Fluktuation entsteht. Aber was tun mit den Ergebnissen der Umfrage? Hat eine Reputationsumfrage zur Mitarbeiterzufriedenheit ergeben, dass es keine großen Baustellen in diesem Bereich gibt, kann der nächste Schritt des Reputationsmanagements eingeleitet werden. Erst wenn die Umfrageergebnisse grünes Licht geben, können Sie mit dem Reputationsmanagement nach außen starten.

* *Mitarbeiterentwicklung*
Damit Mitarbeiter bleiben, müssen sie sich in ihrer Position weiterentwickeln können und langfristige Perspektiven erkennen. Außerdem müssen sie das Gefühl bekommen, ihre Talente dort einbringen zu können und nicht unterfordert zu sein. Sie sollten – nicht nur in Form einer Umfrage, sondern auch immer mal wieder in einem persönlichen Gespräch – zuhören und fragen, ob sich die Mitarbeiter mit ihren Aufgaben identifizieren können und ob sie auch eine persönliche Verbindung zur Organisation aufgebaut haben. Auch die interne Zusammenarbeit ist wichtig. Arbeiten die Mitarbeiter auch abteilungsübergreifend miteinander? Mit einer Umfrage zum Mitarbeiterengagement decken sie das Entwicklungspotenzial Ihres Unternehmens auf und erfassen Parameter, wie dieses noch optimiert werden kann.

* *Geschäftsprozesse*
Mitarbeiter haben einen komplett anderen Blick auf die Geschäftsprozesse. Sie erleben das, was die Führung von oben festlegt, aus erster Hand. Auch wenn sich Chefs hinter ihrem Schreibtisch mit bester Absicht Abläufe ausdenken, ist dies noch kein Garant dafür, dass diese in der Praxis funktionieren. Erst die Anwendung dieser Abläufe zeigt, ob sie sich in der Praxis tatsächlich bewähren. Es gibt immer den Faktor X, den nur die Mitarbeiter kennen. Werden sie aber nicht danach gefragt und ist der Vorgesetzte schlimmstenfalls wenig offen für Anmerkungen und Kritik, dann geht dieses Entwicklungspotenzial verloren. Über eine Umfrage zur Zufriedenheit und internen Akzeptanz der Geschäftsprozesse erhalten Sie aus erster Hand ein Feedback. Ein weiterer Vorteil: Mitarbeiter, die nach ihrer Meinung gefragt werden, fühlen sich wertgeschätzt. Sie bekommen das gute Gefühl, in die Entscheidungsprozesse einbezogen zu werden.

- *Selbstreflektion*
  Mitarbeiter, die schon für längere Zeit eine Position besetzen, geraten schnell in einen Trott. Durch eine 360°-Umfrage können Sie Ihre Mitarbeiter und Führungskräfte nicht nur dazu animieren, ein Feedback zu anderen zu geben, sondern auch eine Selbstreflektion erreichen. Wie bewerten sie die eigene Arbeitsleistung und was kann das Unternehmen dazu beitragen, diese zu steigern? Welchen Mehrwert bringt dies für die Analyse des Ist-Zustandes? Sie geben den Mitarbeitern einen Anstoß, sich selbst zu reflektieren und vielleicht die fehlenden Instrumente und Arbeitsmittel an die Hand, sich im Unternehmen und für das Unternehmen weiterzuentwickeln.
- *Employee Experience*
  Reputation entsteht nicht erst dann, wenn ein Mitarbeiter schon seit zehn Jahren in einem Betrieb arbeitet, sondern bereits mit dem Moment der Bewerbung. Bereits mit dem Bewerbungsprozess beginnt die sogenannte Employee Experience. An jedem Touchpoint – dem ersten Kontakt mit der Personalabteilung, dem Einstellungsgespräch, dem ersten Tag im Betrieb etc. – machen Mitarbeiter sehr intensive Erfahrungen, die Sie im Rahmen einer Befragung sinnvoll einfangen können. Im Rahmen einer Umfrage können Sie Schwachstellen und Potenziale aufdecken, die die Mitarbeiterzufriedenheit bereits ab dem Absenden der Bewerbung steigern können. Noch einmal: Alles zielt darauf ab, zunächst die internen Strukturen in Ordnung zu bringen, bevor sich ein Reputationsmanagement nach außen wirklich lohnt.
- *Teamwork*
  Wie gerne kann ein Mitarbeiter zur Arbeit kommen, wenn im Team der offene Kriegszustand ausgerufen wurde? Zwischen einer funktionierenden Teamarbeit und der Arbeitszufriedenheit gibt es einen engen Zusammenhang. Daher sollten Sie auch dieses Thema in Ihre Umfrage aufnehmen. Je besser Teamkollegen miteinander arbeiten können – auch abteilungsübergreifend – desto mehr Unterstützung erhalten sie und desto mehr fühlen sie sich als Teil einer Gemeinschaft, in die es sich lohnt, sich einzubringen.
- *Informations- und Kommunikationspolitik*
  Die Informations- und Kommunikationspolitik ist in vielen Unternehmen ein vernachlässigter Faktor. Die Mentalität, vor den Mitarbeitern doch

keine Rechenschafft über betriebsinterne Entscheidungen ablegen zu müssen, hält sich noch immer hartnäckig in Führungsetagen. Es geht bei der Kommunikation aber nicht um Rechtfertigung, sondern um die Einbeziehung der Mitarbeiter. Wurden wichtige Entscheidungen gefällt, dann tut es nicht weh, die Teams auf dem Laufenden zu halten. Die Kommunikation sollte dabei immer positiv sein und die Vorteile der neusten Entwicklungen für das Unternehmen herausstellen. Die Kommunikationsstrategie ist dabei ein ganz eigenes Thema, über das ganze Bücher geschrieben werden können. Ich möchte Sie an dieser Stelle lediglich dafür sensibilisieren, wie wichtig die Kommunikation von oben nach unten ist. Die Informations- und Kommunikationspolitik ist ein wichtiger Indikator im Employer Branding und steht daher auch in direktem Zusammenhang mit der Online-Reputation.

• *Work-Life-Balance*
Eine gute Zusammenarbeit basiert auf gegenseitiger Wertschätzung. Diese Wertschätzung bringen Unternehmen ihren Mitarbeitern dadurch entgegen, dass sie ihnen ermöglichen, das Privatleben mit ihrer Arbeit in Einklang zu bringen. Ein Mitarbeiter verwandelt sich nicht mit dem Eintreten in das Bürogebäude von einer Privatperson zu einer Fachkraft und streift sämtliche Belange an der Eingangstür ab. Er hat auch auf seinem Bürostuhl Bedürfnisse, fiebert mit, wenn das Kind eine wichtige Arbeit schreibt oder möchte dabei sein, wenn zur ersten Schulaufführung geladen wird.

Es gibt dank der Digitalisierung heute mehr Möglichkeiten denn je, eine Work Life Balance zu schaffen. In vielen Branchen ist es nicht mehr nötig, starre Arbeitszeiten festzulegen und darauf zu beharren, dass auch am Wochenende Mails gelesen werden müssen. Zeiten ändern sich. Heute ist die Work Life Balance ein maßgeblicher Faktor dafür, ob Mitarbeiter sich langfristig mit einem Unternehmen identifizieren oder ihre Arbeit nur als Störfaktor wahrnehmen. Die Vereinbarkeit von Berufs- und Privatleben ist für viele Mitarbeiter von größter Bedeutung bei der Jobsuche bzw. in der Entscheidung, sich langfristig an ein Unternehmen zu binden. Jeden Tag mit Höchstgeschwindigkeit zur Schule der Kinder zu rasen, um sie pünktlich abzuholen oder jeden Arzttermin dreimal verschieben zu müssen, weil immer wieder ein Meeting dazwischengeschoben wird, macht keinen

Spaß. Das verursacht Stress und Stress wirkt sich wiederum langfristig negativ auf die Gesundheit, die Arbeitsmoral und die Leistung aus.

- *Unternehmenskultur*
  Die Identifikation der Mitarbeiter mit der Unternehmenskultur ist ein ebenso bestimmender Faktor für die Stimmung innerhalb der Firma. Hier kann Kleines oftmals viel bewirken. Die Personalabteilung sollte dafür sensibilisiert werden, neue Mitarbeiter danach auszuwählen, ob sie die Werte des Unternehmens teilen. Wenn sich ein Mitarbeiter stark für den Umweltschutz engagiert, dann fühlt er sich entsprechend wohl in einem Unternehmen, das Nachhaltigkeit zu einem der Grundsätze gemacht hat. Je mehr Mitarbeiter sich mit den Unternehmenswerten und der Unternehmenskultur identifizieren können, desto besser. Unzufriedene Mitarbeiter, die sich an den Grundsätzen des Unternehmens stören, können wie ein Wurzelbrand sein, der längere Zeit unter der Oberfläche schwelt und erst dann entdeckt wird, wenn schon ein großer Schaden angerichtet ist. Daher: Bleiben Sie immer up to date darüber, was die Belegschaft gerade bewegt, wie das Stimmungsbarometer steht und schaffen Sie immer kurze Wege für Feedback.

Neben den wertvollen Informationen, die Sie durch solche Mitarbeiterbefragungen bekommen, signalisieren Sie damit auch, dass Sie die Meinungen, Wünsche und das Feedback Ihrer Mitarbeiter ernst nehmen. Was nicht passieren darf: dass nach einer solchen Befragung Ruhe einkehrt und ein Schleier des Schweigens über die Ergebnisse gelegt wird. Wenn Sie von Ihren Mitarbeitern ein Feedback einfordern und Schwachstellen identifizieren, dann müssen auch Taten folgen. Andernfalls wäre das vergleichbar mit der Situation, einen Mitarbeiter zu fragen, ob er mehr Gehalt haben wolle und sich nach der Antwort umzudrehen und den Raum zu verlassen. Oder ein Kind in eine Eisdiele zu locken, es nach der Lieblingssorte zu fragen und den Laden dann wieder zu verlassen.

Wenn Sie lediglich die Wünsche Ihrer Mitarbeiter erfassen, Kritik aber im Sande verläuft und am Ende alles bleibt, wie es war, kann die Wirkung sich schnell ins Gegenteil verkehren. Außerdem gehen Sie das große Risiko ein, ihre Glaubwürdigkeit zu verlieren. Mitarbeiterbefragungen sollten Sie schlussendlich nur dann ins Leben rufen, wenn Sie auch die Kapazitäten und die Motivation haben, den Finger in die Wunde zu legen und die Wunde am Ende auch zu schließen. Mitarbeiterbefragungen helfen der Geschäftsführung dabei, die Betriebsblindheit auszustellen und einen klaren Blick auf den Ist-Zustand Ihrer Reputation zu werfen.

3.2.1.3 Bewertungsportale im Internet

Bewertungen erweisen sich für Kunden – und damit nicht zuletzt auch für Unternehmen – als großer Segen. Sie geben ein (meistens) ehrliches Feedback, was die Kaufentscheidung maßgeblich beeinflusst. Wer vor der Wahl steht, welche Waschmaschine er sich kaufen möchte, der bezieht in aller Regel auch die Bewertungen mit ein und entscheidet sich eher für ein Modell mit 4,5/5 Sternen als für eines mit 2/5 Sternen. Bewertungen geben eine Orientierung und einen vermeintlich authentischen Einblick auf eine Leistung einer Organisation aus Kundensicht. Auch Unternehmen generieren aus diesen Meinungen wertvolle Impulse für ihr Qualitätsmanagement.

Machen Sie doch mal ein kleines Experiment und geben Sie den Namen Ihres Unternehmens in die Google-Suche ein. Schon auf den ersten Blick erscheinen in aller Regel sofort Sternebewertungen, Punktzahlen und damit auch nackte Fakten über Ihre Reputation. Noch bevor ein Kunde, ein Geschäftspartner – oder eben auch ein Aktionär sich zum ersten Mal näher mit einem Unternehmen beschäftigt, wissen sie schon, wie es um die Reputation bestellt ist. Für den ersten Eindruck gibt es selten eine zweite Chance. Daher ist es wichtig, die Bewertungsprotale beim Reputationsmanagement im Blick zu behalten und dort auch die Meinungen aktiv mitzugestalten – nicht zu manipulieren. Es ist ein gutes Signal, wenn Unternehmen auf Bewertungen reagieren. Und zwar nicht nur auf negative, sondern auch auf positive. Anbei habe ich eine Auswahl der aus meiner Sicht wichtigsten Portale zusammengestellt, die Sie kennen sollten, um Ihre Reputation zu überprüfen. Dabei sind die Portale je nach Branche mehr oder weniger relevant.

Yelp

Das Bewertungsportal Yelp gehört zu den Top-Bewertungsportalen im Netz und ist daher umso relevanter für das Reputationsmanagement. Allerdings hängt es stark von Ihrer Branche ab, ob hier ein Listing bzw. ein Monitoring Sinn macht. Unternehmen, die an die Börse streben, sind in der Regel keine Restaurants oder andere lokalen Geschäfte, können aber trotzdem auf Yelp vertreten sein, wenn sie regional ansässig sind und auch einen Vor-Ort-Service bieten. Yelp ist im Aufbau einem sozialen Netzwerk ähnlich. User können nicht nur Bewertungen abgeben, sondern diese auch teilen und Firmen weiterempfehlen. Allein deshalb gilt: Yelp sollte jedes Unternehmen zwingend in die Analyse seiner Reputation einbeziehen.

Google My Business

Google My Business ist keine Kür in IPO-Phasen, sondern Pflicht. Die Seite erscheint in der Regel sehr prominent in den Suchmaschinen und vermittelt ähnlich wie die Sternebewertungen den berüchtigten ersten Eindruck. Firmen jeder Größe können sich hier zunächst kostenlos registrieren und wichtige Daten zu ihrem Unternehmen hinterlegen. Das ist unabhängig davon, ob Sie Dienstleistungen anbieten, virtuelle Leistungen, in einem Ladengeschäft Schuhe verkaufen oder sich aktuell auf dem Weg an die Börse befinden. Der kostenlose Eintrag steigert Ihre Reichweite. Sie können Kontaktdaten und Informationen zu Öffnungszeiten hinterlegen, dabei aber auch News schreiben und dadurch mit den Kunden immer in Kontakt bleiben. Gleichzeitig haben Kunden aber auch die Möglichkeit, Sie und Ihre Angebote zu bewerten. Kurz: Google My Business gehört zu jedem professionellen Firmenauftritt dazu.

Google steht nicht nur in der Customer Journey ganz weit oben, sondern auch bei der Beschäftigung eines potenziellen Aktionärs, der eine Investition plant. Wer sucht, sucht via Google. Google und Google My Business tragen entscheidend zur Meinungsbildung bei. Es sollte zur regelmäßigen Routine werden, neue Einträge zu lesen und einen entsprechenden Umgang damit zu pflegen. Wie genau dies funktioniert, lesen Sie später im Kapitel zum Thema Reputationsmanagement. Wichtig ist an dieser Stelle, dass Sie auch über Googles internes Businessportal Bewertungen generieren und diese auch zahlenmäßig abbilden können.

Bewertet.de

Bei diesem Bewertungsportal handelt es sich um einen Service, der die Suche nach guten Dienstleistungen erleichtern soll. Unternehmen mit einem Dienstleistungsangebot sollten daher auch diese Plattform im Blick haben. Kunden können sowohl Sterne vergeben als auch in eigenen Worten beschreiben, was gut bzw. schlecht an der Zusammenarbeit war.

Facebook

Viele CEOs verziehen das Gesicht, wenn der Marketing-Manager mit der Idee um die Ecke kommt, ein Facebook-Profil anzulegen. Der Gedanke dahinter ist: wird keine Plattform für Meinungen geschaffen, dann bilden sich auch keine – was natürlich weit weg von der Realität ist. Denn auch dann, wenn Sie keinen eigenen Account anlegen, wird über Sie gesprochen. Was und wo über Sie gesprochen wird, können Sie relativ leicht überprüfen, indem Sie in die Suchfunktion Ihren Namen eingeben. Im Ergebnis erscheinen dann sämtliche Kommentare.

Was Sie wissen sollten, wenn Sie sich für einen Facebook-Account entscheiden: Die Bewertungsfunktion lässt sich nicht ausstellen. Das bedeutet: ganz oder gar nicht. Ob mit oder ohne eigenen Auftritt: Allein durch die sehr hohe Reichweite und die hohen Nutzerzahlen gehört Facebook zu den wichtigsten, reputationsbildenden Faktoren im Netz. Denn auch hier werden Inhalte geteilt und Meinungen verbreiten sich rasant weiter.

Kununu, Glassdoor, JobVote & Co.

Eine ganz andere Zielgruppe haben Arbeitgeber-Bewertungsplattformen im Internet. Dort bildet sich die unternehmerische Reputation aus der Perspektive der Mitarbeiter, der ehemaligen Mitarbeiter und auch der Bewerber, die unterschiedliche Erfahrungen im Bewerbungsprozess gemacht haben. Betrachten Sie ein solches Portal aus der Perspektive eines Aktionärs. Dieser will – bevor er Aktien eines Unternehmens kauft – wissen, ob die Organisation vertrauenswürdig ist, ob es eine sozial verantwortungsvolle Unternehmenskultur gibt und wie sich unabhängig von der Außendarstellung die Sicht von innen darstellt. Dies ist ein weiterer Baustein in einer ganzheitlichen Unternehmensbetrachtung. Auch diese Portale vergeben Sterne, die Sie als Kennzahl für die Ermittlung des Ist-Zustandes zurate ziehen können.

3.2.1.4 Anzahl der Bewerbungen

Ein weiterer KPI für die Analyse des IST-Zustandes ist die quantitative, aber auch die qualitative Anzahl der eingehenden Bewerbungen. Es gibt einen direkten Zusammenhang zwischen der Reputation und dem Interesse an einem Unternehmen als Arbeitgeber. Eine abnehmende oder sehr geringe Anzahl an Bewertungen kann auf eine schlechte Reputation hindeuten. Daher können Sie auch für das anschließende Monitoring diese Kennzahl zugrunde legen.

Nachdem Sie erste, richtige Schritte in die Richtung einer Employer-Branding-Strategie gegangen sind, sollten Sie eine Zunahme der Bewerbungen erkennen können und im Idealfall auch wahrnehmen, dass sich zunehmend auch spezialisierte Fachkräfte und High Potentials bei Ihnen bewerben.

3.2.1.5 Einladung zu Vorträgen

Wenn Sie von innen heraus wachsen, dann werden Sie auch von außen als kompetentes Unternehmen wahrgenommen, das spezialisiert ist auf sein Fachgebiet. In der Folge ist zu erwarten, dass die Fachkräfte Ihres Unternehmens Einladungen dazu erhalten, Fachvorträge auf Tagungen oder in Universitäten zu halten. Derartige Einladungen schmeicheln nicht nur dem Ego, sondern sie sind auch ein gutes Zeichen dafür, dass Sie in Sachen Online-Reputation schon Vieles richtig machen.

3.2.1.6 Der Reputation Score

Es existiert ein Reputation Score, der für über 70 Branchen anhand verschiedener Kennzahlen die Reputation ermittelt. Ausgewertet werden dabei ausschließlich Faktoren im Online-Bereich wie zum Beispiel die Sichtbarkeit des Unternehmens im Netz oder die Interaktionen von Besuchern mit dem Unternehmen in der digitalen Welt. Erreicht werden können insgesamt 1000 Punkte. Je höher die Punktzahl, desto positiver wird Ihr Unternehmen wahrgenommen.

Dieser Reputation Score X wird über eine bezahlpflichtige Plattform[2] ermittelt. Sie können darüber auch den direkten Vergleich zu Konkurrenten bzw. Mitbewerbern aus Ihrer Branche antreten.

3.2.2 Strategie für das Reputationsmanagement festlegen

Nachdem Sie den Ist-Zustand ermittelt und Ihre Reputation vielleicht sogar in Zahlen abgebildet haben, folgen jetzt strategische Überlegungen. Es gibt ganz unterschiedliche Herangehensweise, solchen strategischen Überlegungen eine Form zu geben. Im Folgenden gebe ich gerne eine Möglichkeit weiter, was Sie vorab planen und überlegen sollten, bevor es an die konkrete Umsetzung geht.

1. Die eigenen Reputationsrisiken bestimmen

Nachdem Sie die allgemeinen Reputationsrisiken kennen, sollten Sie speziell für Ihr Unternehmen die individuellen Risiken identifizieren. Wird überdurchschnittlich häufig in den sozialen Netzwerken über Sie berichtet oder sind Sie sehr präsent in den Medien? Haben Sie in Ihrem Unternehmen identifizierte Schwachstellen, bei denen die Gefahr besteht, dass irgendjemand Externes den Finger in die Wunde legt? Auf Ihre persönlichen Reputationsrisiken sollten Sie ein ganz besonderes Augenmerk legen.

2. Ist-Zustand ermitteln

Nachdem Sie definiert haben, auf welche Bereiche Ihr Augenmerk gerichtet sein muss, sollten Sie den Ist-Zustand Ihrer Reputation ermitteln. Wie dies genau funktioniert, habe ich bereits ausführlich erläutert. Noch einmal zur Erinnerung: Den aktuellen Zustand Ihrer Reputation erkennen Sie beispielsweise anhand von Bewertungen im Internet, durch Stakeholder-Umfragen oder Kennzahlen wie der Zahl der eingehenden Bewerbungen. Sie können auch Tools nutzen, die Ihnen mehr Aufschluss darüber geben, wie Sie von außen wahrgenommen werden.

---

[2] https://reputation.com/de/

3. Tools zur Überwachung einrichten

Richten Sie am besten Tools ein, mit denen Sie überwachen können, was über Sie gesprochen wird. Wählen Sie dazu Systeme aus, die Sie in Echtzeit informieren, damit Sie schnell auf eventuelle Angriffe, Verleumdungen und Co. reagieren können.

4. Maßnahmenkatalog entwickeln

Im nächsten Schritt geht es darum, die erforderlichen Maßnahmen für das Reputationsmanagement im eigenen Unternehmen zu definieren. Welche Risiken können durch welche Maßnahmen reduziert werden? An welchen Stellen kann prophylaktisch gehandelt werden, um von vornherein eine gute Reputation aufzubauen, die dann einzelne Negativmeinungen schnell untergräbt?

5. Verantwortliche festlegen

Nachdem klar ist, was getan werden muss, sollte festgelegt werden, wer es tut. Definieren Sie klar Verantwortlichkeiten im bestehenden Team oder holen Sie sich von extern Experten ins Boot. Wichtig ist, dass jeder seinen Verantwortungsbereich kennt und auch entsprechende Kompetenzen bekommt, innerhalb dieses Bereiches zu handeln.

6. Controlling

Das Controlling wird oftmals stiefmütterlich behandelt. Dabei ist es eine zwingende Voraussetzung dafür, dass die ergriffenen Maßnahmen kontinuierlich optimiert werden können und Sie am Ende wissen, in welche Bereiche des Reputationsmanagements Sie investieren sollten. Für dieses Controlling legen Sie am besten Kennzahlen fest, anhand derer sich der Erfolg messen lässt. Zur Erinnerung: Im Bereich Social Media können dies die Anzahl der Klicks, Likes oder Seitenaufrufe sein. Im Bereich Personalmanagement die Anzahl der eingehenden Bewerbungen, und auch die Zufriedenheit der Mitarbeiter kann durch Umfragen regelmäßig erhoben werden.

3.2.3 Umsetzung der Maßnahmen zum Reputationsmanagement

Wie ich schon mehrfach in diesem Buch habe anklingen lassen, führt ein gutes Reputationsmanagement immer von innen nach außen. Sie können die Flecken einer Masernerkrankung zwar von außen überschminken – wird die Erkrankung jedoch nicht von innen heraus geheilt, dann tauchen sie immer wieder auf. Daher erhalten Sie von mir im Folgenden einen Maßnahmenkatalog, der in ein internes und ein externes Reputationsmanagement unterteilt ist.

3.2.3.1 Internes Reputationsmanagement

Oftmals bleibt es der Führungsetage lange Zeit verborgen, wenn es im Inneren brodelt. Die Bewegungen wollen entweder nicht gesehen werden, sie werden nicht ernst genommen oder es wird einfach darauf vertraut, dass auf Regen wieder Sonnenschein folgt. Diese abwartende Haltung kann fatale Folgen haben. Wer genau hinsieht, wird schnell bereits ein Gefühl dafür entwickeln, ob Kunden zufrieden mit den Produkten und Dienstleistungen sind, ob es eine hohe Mitarbeiterfluktuation gibt oder wie allgemein über das Unternehmen gesprochen wird. Dieses Bauchgefühl reicht allerdings nicht aus. Es braucht konkrete Maßnahmen, um die Reputation der Firma von innen heraus zu stärken und ihr ein solides Fundament zu geben.

Werte definieren und umsetzen
Ein Unternehmen ist vergleichbar mit einer Familie, in der Werte den besonderen Zusammenhalt ausmachen. In Familien gibt es ein gemeinsames Wertesystem, dem alle Familienmitglieder verbunden sind. Man hilft sich untereinander, tritt oftmals – auch wenn es Meinungsverschiedenheiten geben darf – für das gleiche ein und vertritt ähnliche Meinungen, Haltungen und Glaubenssätze. In den meisten Familien herrscht Einigkeit über zentrale Fragen wie: Wie ist unsere politische Einstellung? Was ist uns im Hinblick auf unsere Ernährung wichtig? Wie gestalten wir das Verhältnis zwischen Arbeit und Freizeit?

Auch in Unternehmen sollte es ein solch gemeinsames Wertesystem geben, mit dem sich die Mitarbeiter in zentralen Fragen identifizieren können. Oftmals wird ein solches Wertesystem nicht am Tag X im Meetingraum festgelegt, sondern ist das Ergebnis einer langjährigen Entwicklung des Unternehmens. Werte werden manchmal auch von außen „erzwungen", wenn beispielsweise die gesamte Konkurrenz auf Nachhaltigkeit umstellt, dann bleibt oftmals gar nichts anderes übrig, als hier mitzuziehen.

Kennen Sie die Werte Ihres Unternehmens und sind diese jemals niedergeschrieben worden? Gerade im IPO-Prozess ist es wichtig, sich noch einmal intensiv mit einem Unternehmen auseinanderzusetzen und genau zu wissen, wofür es steht. Zwar gibt es in den meisten Fällen so etwas wie „Unsere Philosophie" auf der Webseite, aber diese Texte stecken meistens voller Floskeln und stellen nicht authentisch das dar, wofür das Unternehmen wirklich steht. Im Idealfall stehen Ihre Mitarbeiter für das große Ganze und arbeiten nicht nur für ihr Geld, sondern setzen sich auch persönlich mit Leidenschaft und Engagement für das große Ganze ein.

Aus Mitarbeitern Markenbotschafter machen

Sind die Werte in Ihrem Unternehmen fest verankert, dann geht es jetzt darum, sie von innen nach außen zu transportieren. Wie könnte dies authentischer gelingen als über echte Mitarbeiter, die einen ehrlichen Blick auf ihren Arbeitsplatz werfen und stolz ihre Firma nach außen präsentieren. Sogenannte Corporate Influencer haben sich in vielen großen Unternehmen bereits bewährt. Die Deutsche Telekom macht es vor und hat sogar unter dem Hashtag #Werkstolz ein eigenes Corporate-Influencer-Programm entwickelt. Mitarbeiter haben zum Beispiel einen eigenen Account auf Facebook und posten dort Bilder von ihrer Tätigkeit. Dafür wurden vorab bestimmte Regeln festgelegt, an die sich alle Markenbotschafter halten. Sie werden vielleicht zu Recht denken, dass dies ein heißes Eisen ist, denn am Ende entzieht es sich Ihrer Kontrolle, was einzelne Mitarbeiter dort in die Welt tragen.

Dazu aber zwei Gedanken: Erstens melden sich in der Regel nur die Mitarbeiter als Corporate Influencer, die mit ihrem Job und ihrer Tätigkeit im Unternehmen zufrieden ist. Wer lieber heute als morgen gehen möchte, der hält nicht freiwillig sein Gesicht in die Kamera, um sein Unternehmen zu repräsentieren. Daher sollte eine solche Influencer-Tätigkeit immer auf freiwilliger Basis geschehen. Zudem sollten Sie wie die Telekom genaue Verhaltensregeln festlegen, dass keine kompromittierenden Bilder gepostet oder Betriebsgeheimnisse preisgegeben werden dürfen. Zweitens können Sie so oder so nicht kontrollieren, wer was über Sie schreibt. Es kann immer passieren, dass ein Mitarbeiter sich in seinem privaten Account über seinen Arbeitsplatz brüskiert. Sie können also im Grunde nur gewinnen, indem Sie motivierten Mitarbeiter den öffentlichen Raum geben, das Unternehmen zu loben.

Qualitätsmanagement für Produkte und Dienstleistungen
Die Qualität dessen, was Sie auf dem Markt anbieten, ist das A und O Ihres Reputationsmanagements. Es ist schlichtweg die Basis dafür, dass sich die Maßnahmen am Ende lohnen. Das Qualitätsmanagement sollte daher immer die oberste Priorität haben. Am Ende ist es sonst wieder wie mit den Masern: Sie können die Symptome zwar überschminken – trotzdem treten sie immer wieder hervor.

3.2.3.2 Externes Reputationsmanagement

Ist die Reputation von innen gestärkt, dann können Sie das gute Gefühl nun aktiv nach draußen tragen. Dafür sollten Sie wie bereits oben erwähnt Verantwortliche benennen, Kennzahlen definieren und den Erfolg regelmäßig kontrollieren.

Kommunikation und Interaktion mit den Kunden
Viele Unternehmen machen den großen Fehler, dass sie Kundenbeziehungen zu schnell wieder beenden. Sie bieten eine Dienstleistung oder ein Produkt an, der Kunde kauft, bezahlt und dann ist die Kundenbeziehung oftmals für beide Seiten abgeschlossen. Schade, denn damit vergeben Sie sich wertvolles Potenzial. Oftmals ergibt sich erst nach dem Abschluss eines Geschäftes die Chance, positives Feedback für den Aufbau des unternehmerischen Images zu nutzen oder aus negativer Rückmeldung zu lernen

Holen Sie sich ein Feedback von Ihren Kunden und bleiben Sie in Kontakt. Bewertungen haben so oder so ihren Nutzen. Statt darauf zu warten, dass Ihr Kunde Ihnen von selbst eine Rückmeldung gibt, können Sie ihn auch aktiv dazu auffordern. Dies gelingt zum Beispiel durch eine Mail, die Sie ein paar Tage nach dem Kauf versenden und um eine Bewertung bitten. Achten Sie unbedingt auf den Text. Dieser sollte in etwa so formuliert sein:

„Hat Ihnen unser Service gefallen? Dann freuen wir uns auf Ihre Bewertung im Portal XY (Anm. das Portal, das die größte Relevanz für Ihre Branche hat wie Yelp für Restaurants). Haben Sie sich über etwas geärgert? Dann bitten wir Sie, sich an unseren Ansprechpartner Herrn Schmidt unter name@emailadresse.de zu wenden, damit wir uns zeitnah um Ihr Anliegen kümmern können."

Mit einer solchen Formulierung schlagen Sie zwei Fliegen mit einer Klappe. Sie motivieren zufriedene Kunden, eine gute Bewertung zu verfassen und können unter Umständen verhindern, dass unzufriedene Kunden ihren Ärger öffentlich machen. In jedem Fall ist die persönliche Interaktion mit Kunden auch nach dem Geschäftsabschluss wichtig, denn dies steigert nicht nur die Anzahl Ihrer Bewertungen, sondern zeigt Ihr Interesse an der Meinung Ihrer Kunden und ist ganz allgemein ein gelungener Abschluss.

Eine Interaktion mit Kunden herzustellen bedeutet auch, Interaktionsmöglichkeiten zu schaffen. Verstecken Sie Ihre Kontaktadresse nicht in einer verschachtelten Seitenstruktur, sondern machen Sie es Kunden so leicht wie möglich, in Kontakt mit Ihnen zu kommen. Ideal sind Chatformulare, aber auch gut besetzte Servicenummern oder eine klassische kundenservice@-Mailadresse.

Positive Kundenerlebnisse schaffen

Es gibt für den ersten Eindruck nun einmal keine zweite Chance. Denken Sie selbst an Ihre persönlichen Erlebnisse zurück: Würden Sie noch einmal in ein Restaurant gehen, in dem Sie von einem Kellner respektlos behandelt wurden oder würden Sie noch einmal etwas in einem Shop kaufen, indem Sie nur mit großer Mühe innerhalb einer verschachtelten Seitenstruktur den Warenkorb gefunden haben? Vermutlich nicht. Sorgen Sie an all Ihren Touchpoints dafür, dass ein positiver Kontakt entsteht und die Kunden für alles Weitere positiv gestimmt bleiben.

Positive Kundenerlebnisse müssen Teil der unternehmerischen DNA werden. Es ist wichtig, alle Kontaktpunkte mit Ihrer Firma aus den Augen der Kunden/Käufer zu sehen. Was erlebt ein potenzieller Kunde, wenn er zum ersten Mal auf die Firmenhomepage kommt? Was passiert, wenn er anruft, den Chat kontaktiert oder persönlich vorbeikommt? Wie wird er am Empfang begrüßt? Insbesondere im Online-Bereich kann die Ermittlung der Kundeneindrücke datenbasiert stattfinden. Informationen wie Abbruchraten auf bestimmten Seiten können wichtige Hinweise darüber liefern, an welcher Stelle Kundenerlebnisse an den entsprechenden Touchpoints verbessert werden müssen.

Unternehmen mit einer kundenorientierten Unternehmenskultur schaffen beste Voraussetzungen für ein langfristiges Wachstum und eine positive Reputation. Kundenorientierung kann zu einem Markenzeichen Ihres Unternehmens werden. Ein Paradebeispiel ist hier das schwedische Möbelhaus mit den vier Buchstaben.

Beispiel AMAZON Obwohl sich der Konzern Amazon in vielen Bereichen zurecht einen schlechten Ruf erarbeitet hat (Stichworte: Personalmanagement, Verbrennung von Neuwaren etc.), steht das Unternehmen in Sachen Kundenzufriedenheit an vorderster Front. Das Handelsblatt hat 2020 eine Studie[3] veröffentlicht, in der 571 stationäre und 1122 Online-Händler nach speziellen Kriterien untersucht wurden. In Sachen Kundenzufriedenheit belegte der Weltkonzern Amazon die Spitze. Kaum ein anderer Händler kann in Sachen Schnelligkeit der Lieferung und dem Retourenmanagement einen vergleichbaren Service bieten. Kundenerlebnisse verbessern Sie auch, indem Sie Inhalte personalisieren. Kommen 90 % der Besucher auf Ihrer Webseite aus Hamburg? Dann begrüßen Sie sie am besten mit einem maritimen „Moin!". Das Ziel ist es immer, mit kleinen Ideen Großes zu bewirken und eine Nähe zum Kunden herzustellen, obwohl noch gar kein Erstkontakt stattgefunden hat.

---

[3] Handelsblatt: Deutschlands beste Onöine-Händler 2020. https://www.handelsblatt.com/downloads/25958840/6/beste-online-haendler-teil-2.html. Zugegriffen: 07. Januar 2022.

Treueprämien für Stammkunden schaffen
Viele Unternehmen machen den Fehler, dass sie sehr viele Ressourcen in die Neukundengewinnung stecken und dabei die Stammkunden vergessen. Sehr gut beobachtet werden kann dies bei den Telefonanbietern. Sie schaffen für Neukunden beste Konditionen, während die Kunden, die bereits seit zehn Jahren unter Vertrag sind, immer noch Höchstpreise zahlen. Dies macht jedoch allein aus rechnerischer Sicht wenig Sinn. Für jeden neu gewonnenen Kunden müssten Sie theoretisch die Summe dagegen rechnen, die Sie für die Maßnahmen zur Neukundengewinnung ausgegeben haben. Es lohnt sich, auch Budget in die Erhaltung Ihrer Geschäftsbeziehungen zu investieren.

Ein gutes Beispiel für einen sichtbaren Treuebonus ist das Kreuzfahrtunternehmen AIDA. Dort werden alle mit den Schiffen gefahrenen Seemeilen gezählt. Je mehr Seemeilen Kunden des Seereisen-Anbieters gefahren sind, desto höher steigen sie in ihrer Klub-Mitgliedschaft. Mit jeder neu erklommenen Klubstufe gibt es entsprechende Annehmlichkeiten an Bord.
Auch Rabatte für Umsatzstufen können ein wirkungsvolles Instrument sein. Steigern Sie Ihre Reputation bei bestehenden Kunden, indem Sie Wertschätzung für ihre Treue zeigen.

Online-Einträge aktuell halten
In der Regel sind Unternehmen in einer überschaubaren Anzahl von Brancheneinträgen mit ihren Kontaktdaten vertreten. Wichtig ist es, diese Angaben immer aktuell zu halten, denn fehlerhafte Einträge schaden der Glaubwürdigkeit und können sogar ein echtes Ärgernis sein. Stellen Sie sich vor, der Kunde steht vor verschlossener Tür, weil die Öffnungszeiten bei Google Business nicht aktualisiert worden sind. Ich empfehle meinen Kunden, einen Workflow für die regelmäßige Überprüfung der Brancheneinträge zu etablieren, damit sich keine fehlerhaften Einträge verbreiten können.

Guter Kundensupport
Jeder unternehmerische Erfolg basiert auf der Zufriedenheit seiner Kunden. Diese Zufriedenheit gewinnen Sie einerseits, indem Sie auf die Qualität Ihrer Produkte achten und auf der anderen Seite durch einen einwandfreien und verlässlichen Support. Geben Sie Ihren Kunden die

Gelegenheit, sich bei Fragen, Problemen oder Beschwerden immer un-
kompliziert melden zu können. Ein guter Kundensupport ist grundlegend
für eine gute Reputation. Wenn Sie Ihren Kunden glaubhaft das Gefühl
geben, sich um ihre (produkt- oder leistungsspezifischen Probleme) zu
kümmern, dann ist die Hemmschwelle für neue Käufe oder Vertrags-
abschlüsse gleich viel niedriger. Zudem ist der Kundenservice auch immer
wieder Thema in den Bewertungen. Wenn Sie diesbezüglich lobend erwähnt werden, klettern Sie gleich ein paar Reputationspunkte nach oben.

3.2.3.3 Reputationsmanagement und Employer Branding

Das Thema Reputationsmanagement ist sehr eng mit dem Bereich des
Employer Branding verbunden und hängt eng mit ihm zusammen. Auch
wenn dies ein ganz eigenes Thema ist, das ganz individuell und ausführlich betrachtet werden muss, möchte ich Sie an dieser Stelle auf einen
kurzen Exkurs über die Relevanz des Employer Branding im Reputationsmanagement mitnehmen.

Was ist Employer Branding und warum ist es so wichtig?
Beim Employer Branding geht es darum, dass sich Unternehmen auf
dem Markt als wertschätzenden und guten Arbeitgeber positionieren.
Dies schlägt sprichwörtlich zwei Fliegen mit einer Klappe. Sie können
einerseits bestehende Mitarbeiter halten und auf der anderen Seite den
Kampf um Talente auf dem Arbeitsmarkt für sich entscheiden. Das
Humankapital in Form von Mitarbeitern gehört in Unternehmen jeder
Größe zu den wichtigsten Erfolgsfaktoren. Ist es in einer Branche schwer,
gute Mitarbeiter zu gewinnen, müssen Argumente geschaffen werden,
sich in diesem und nicht im Unternehmen der Konkurrenz zu bewerben.
Employer Branding ist damit die Antwort auf die Frage, wie Sie für Ihr
Unternehmen Fach- und Führungskräfte gewinnen können.

Employer Branding vs. Personalmarketing: Das ist der Unterschied
Employer Branding wird häufig mit dem Personalmarketing verwechselt.
Während das Personalmarketing ausschließlich darauf zielt, neue Mit-
arbeiter zu gewinnen oder sich ein funktionierendes Bewerbermanagement

aufzubauen, bezeichnet das Employer Branding die strategische Aus-
richtung des Unternehmens. Das Ziel der Employer-Branding-Maß-
nahmen ist es nicht in erster Linie, die Zahl der Bewerbungen zu steigern,
sondern es geht um den Aufbau einer Arbeitgebermarke und die Stärkung
eines positiven Images. Employer Branding sichert die Zukunftsfähigkeit
eines Unternehmens, indem potenzielle Bewerber davon überzeugt werden, sich bei Ihrem Unternehmen vorzustellen und bestehende Mitarbeiter
genügend Anreize bekommen, um zu bleiben.

Die Online-Reputation ist diesem Thema übergeordnet und zeigt entsprechende Wechselwirkungen mit dem Employer Branding. Ein Unternehmen mit einer sehr schlechten Reputation wird es nur schwerlich
schaffen, Mitarbeiter davon zu überzeugen, ein guter Arbeitgeber zu sein.
Andersherum legt Ihnen eine sehr gute Reputation auch die besten Kar-
ten in die Hand, sich auch als Arbeitgeber positiv darstellen zu können.
Reputation wird zur Wertschöpfungsquelle im Employer Branding. Es
entfalten sich zahlreiche Wirkungsmechanismen, die ich an dieser Stelle
nur ganz grob anreißen kann, um Ihnen einen Eindruck von der Relevanz des Themas zu verschaffen.

Gute Mitarbeiter sind der Motor Ihres Unternehmens
Ob klein oder groß, ob KMU oder Börsengang: Ein Unternehmen kann
nur dann erfolgreich auf dem Markt agieren, wenn es qualifizierte und
motivierte Mitarbeiter für sich gewonnen hat. Gute Mitarbeiter leisten
gute Arbeit, was wiederum Kunden spüren und was sich auch auf die
Qualität Ihrer Angebote und Dienstleistungen auswirkt. Zufriedene
Kunden hinterlassen positive Bewertungen in entsprechenden Portalen
und berichten positiv in Blogs, Foren oder Videos über die Firma.

Zufriedene Mitarbeiter prägen ein positives Image
Auch an dieser Stelle gibt es wieder eine enge Verzahnung mit dem internen Reputationsmanagement.

Employer Branding wirkt von innen nach außen. Zufriedene Mitarbeiter werden ganz automatisch zu Corporate Influencern, indem sie in
ihrem Freundeskreis aber natürlich auch über ihre sozialen Netzwerke

über ihren Arbeitsplatz und ihren Arbeitgeber berichten. Vielleicht tragen sie auch freiwillig ihre Arbeitskleidung mit Logo in der Freizeit.

Bewertungsforen für Arbeitgeber
Durch die Möglichkeit, Arbeitgeber in speziellen Foren zu bewerten, werden diese Meinungen auch einer breiten Öffentlichkeit zugänglich. So wie die Reputation einer Führungskraft auch Einfluss auf die gesamte Reputation des Unternehmens hat, wirkt sich die Wahrnehmung einer Firma als Arbeitgeber auf das gesamte Image aus. Firmen, die auf den einschlägigen Portalen eine vernichtende Kritik von ihren Mitarbeitern erhalten, werden es in Zukunft schwer haben, Bewerber zu finden, die sich dem freiwillig aussetzen möchten.

Employer Branding hat in dieser Hinsicht nicht nur einen Einfluss auf das Reputationsmanagement, sondern auch umgekehrt fördert eine positive Wahrnehmung einer Marke in der Öffentlichkeit die Motivation, für dieses Unternehmen zu arbeiten.

Firmen sollten wissen, wofür sie stehen
Im vorausgegangenen Abschnitt zum internen Reputationsmanagement habe ich bereits darauf hingewiesen, wie wichtig es ist, dass ein Unternehmen sich über seine Werte bewusst ist und diese auch aktiv lebt. Herauszufinden, welche Werte dies im Konkreten sind, ist die erste und wichtigste Aufgabe des Employer-Branding-Prozesses. Kunden spüren sofort, wenn ein Unternehmen keine Corporate Identity hat, wenn es nicht einheitlich kommuniziert oder sogar Diskrepanzen zwischen verschiedenen Kommunikationskanälen gibt. Hat ein Unternehmen wiederum eine Identität, dann gelingt es auch, eine emotionale Bindung mit Kunden aufzubauen.

Employer Reputation
Vor einiger Zeit ist der Begriff der „Employer Reputation" als Weiterentwicklung des Employer Branding entstanden. Während das Employer Branding oft noch viel zu sehr werblich gedacht wird und mit dem Blick darauf betrieben wird, welcher geldwerte Vorteil sich daraus ergeben kann, geht die Employer Reputation in die Tiefe. Die Employer Reputa-

tion dagegen ist organisch gewachsen und damit sehr authentisch. Es gibt keine scharfe Abgrenzung der beiden Begriffe voneinander. Vielmehr sollte die Employer Reputation als eine noch klarere Bezeichnung dessen angesehen werden, was erreicht werden soll.

Während viele Unternehmen Employer Branding noch immer mit Ungeduld und scharfem Blick auf den ROI betrachten, bezeichnet die Employer Reputation genau das, was erreicht werden soll: Der organische Aufbau einer Marke mit positiver Reputation, die sowohl nach innen als auch nach außen wirkt und damit auch die besten Voraussetzungen für eine positive Online-Reputation schafft. Employer Branding oder besser Employer Reputation soll nicht als etwas künstlich Erzeugtes angesehen werden, sondern als Initialzündung dafür, grundlegend eine glaubwürdige und authentische Identität aufzubauen. Dabei sollten Firmen vor allem darauf achten, dass ein übergeordneter Sinn entsteht. Achtet ein Hersteller zum Beispiel sehr streng auf Nachhaltigkeit und Umweltschutz, dann sollte er keine viermal in Plastik gehüllten Produkte verkaufen.

Man könnte den Unterschied oder das Ziel von der Employer Reputation am besten so beschreiben: Sagen Sie Ihren Mitarbeitern nicht, dass sie positiv über Ihr Unternehmen sprechen sollen, sondern sorgen Sie dafür, dass sie es von sich aus tun. An dieser Stelle sollten Sie einen Eindruck davon bekommen haben, dass ein Online-Reputationsmanagement ohne den Blick aufs Employer Branding schlichtweg nicht möglich ist. Sowohl Employer Branding/Employer Reputation als auch die Online-Reputation müssen als fortlaufende Prozesse verstanden werden, die niemals abgeschlossen sind. Unternehmen auf dem Weg an die Börse müssen im Hinblick auf die Arbeit an ihrer Marke bereits weit fortgeschritten sein, bevor sie sich im IPO-Prozess ins Rampenlicht stellen. Am Ende wird sich auch dies dann unter dem Strich als geldwerter Vorteil erweisen.

Behalten Sie immer im Blick, dass es sich beim Employer Branding um einen agilen Prozess handelt. Ihr Unternehmen sollte sich die Flexibilität bewahren, auf die Veränderungen des Marktes zu reagieren. So kann eine solide Basis für die Online-Reputation geschaffen werden.

3.2.3.4 Reputationsmanagement in Social Media für IPO-Phasen

Spricht man im 21. Jahrhundert von einem Reputationsmanagement, dann ist dies nahezu ein Synonym für Social Media. Über keinen anderen Kanal werden so stark Meinungen gebildet oder verbreitet wie über die sozialen Netzwerke. Kommentare, Erfahrungsberichte und Bewertungen haben durch die Vernetzung der einzelnen Mitglieder untereinander in den sozialen Netzwerken eine erhebliche Reichweite, die Potenziale, aber auch Gefahren birgt. Insbesondere extreme Inhalte – zum Beispiel ein Erfahrungsbericht über ein ausländerfeindliches oder homophobes Verhalten der Vorgesetzten in einem Unternehmen, gehen schnell viral. Heute hat jeder ein Smartphone in der Tasche, das nur gezückt werden muss.

Ein Beispiel für einen Corporate Shitstorm
Beispiele für Shitstorms, die bei Unternehmen eine erheblichen Shitstorm ausgelöst haben, gibt es viele. Ein nachhaltiger Shitstorm traf die ehemalige Drogerie-Kette Schlecker 2016. Zwar ist das Beispiel schon etwas älter, führt aber sehr genau vor Augen, was man als Unternehmen nicht tun sollte. Schon zuvor war Schlecker wegen unzumutbarer Arbeitsbedingungen in die Kritik geraten und setzte mit einem – wie sich im Nachhinein herausstellte – sehr unbedacht gewählten Slogan noch einen drauf. Als auf die Packungen der Slogan: „For You. Vor Ort" gedruckt wurde, hagelte es aufgrund der Vermischung der deutschen und der englischen Sprache Kritik vom „Verein für Sprachpflege". Dies an sich wäre für das Unternehmen sicher noch verkraftbar gewesen, allerdings war die Reaktion des Konzerns auf diese Kritik für die Reputation maximal ungünstig. Das öffentliche Schreiben enthielt den Wortlaut, dass sich das Unternehmen mit seinen Produkten an Kunden mit einem niedrigen bis mittleren Bildungsniveau wende. Erst daraufhin folgte der eigentliche Shitstorm.

Das Beispiel zeigt, wie wichtig es ist, ein professionelles und überlegtes Reputationsmanagement zu betreiben. Es sind nur wenige Klicks in den sozialen Netzwerken, die einen solchen Shitstorm auslösen können.

3.2.3.4.1   Social-Media-Monitoring

Über das Thema Monitoring und die Relevanz des regelmäßigen Controllings habe ich im vorliegenden Buch schon viele Worte verloren. An dieser Stelle soll es speziell darum gehen, wie Sie ein effektives Monitoring der Social-Media-Einträge über Sie gewährleisten können. Das Social-Media-Monitoring bezieht sich auf Plattformen wie Facebook, Twitter und Instagram sowie auf Blogs, Newseinträge und Kommentare und blickt aus der Vogelperspektive auf Ihr IPO-Vorhaben. Verstehen Sie das Monitoring am besten als eine Art Frühwarnsystem, um schlechte Stimmungen sofort zu erkennen und entsprechend reagieren zu können. Sollte es – was niemand hofft – zu einem Shitstorm kommen, können Sie schon die ersten Wehen wahrnehmen, wissen, wo er herkommt und durch welche Mechanismen er sich verbreiten konnte. Im Idealfall gibt es insbesondere bei Falschaussagen oder diffamierenden Shitstorms einen Verantwortlichen, den Sie belangen können.

Durch den nutzergenerierten Content erfahren Sie sehr viel über Ihre Zielgruppe, die Ihnen einen Spiegel hinhält, in den Sie genau hineinsehen sollten. Beim Social-Media-Monitoring sollten Sie nicht nur sich selbst, sondern auch Ihre Mitbewerber auf dem Schirm haben. Was sagen potenzielle Kunden über Ihre Konkurrenz? Was wird dort kritisiert, was Sie besser machen können oder woraus Sie selbst sogar noch etwas für Ihr eigenes Qualitätsmanagement lernen können? Auch aus diesen Informationen können Sie wertvolle Erkenntnisse für Ihr eigenes Reputationsmanagement ziehen. Im Vergleich mit den Mitbewerbern werden oftmals auch eigene Schwächen aufgedeckt, die sich gezielt verbessern lassen. Die Vorteile des Social-Media-Monitorings sind an dieser Stelle klar geworden. Sie identifizieren die Meinungsmacher, können Shitstorms schon in den Anfängen erkennen und durch die authentischen Feedbacks Ihren Kundenservice verbessern.

Ein Social-Media-Monitoring können Sie auf ganz verschiedene Weise in Ihrem Unternehmen etablieren. Eine einfache Methode ist es, Google Alerts zu Ihrem Firmennamen zu abonnieren. Immer dann, wenn dieser an einer Stelle im Internet auftaucht, bekommen Sie eine Benachrichtigung. Aber Achtung: Je größer ein Unternehmen ist, desto mehr solcher Nachrichten können eintrudeln. Sind es zwei oder drei am Tag, dann lässt sich ein Monitoring dieser Einträge bewältigen. Unternehmen wie Apple & Co dürften dagegen eine ganze Filiale mit der Überprüfung der täglich eintrudelnden Alerts beschäftigen. Hier müssen natürlich immer Aufwand und Nutzen gegeneinander abgestimmt werden.

Alternativ oder ergänzend zu den Alerts können Sie auch spezielle Tools nutzen, die Ihre Reputation im Social Web immer im Blick behalten. Diese Tools sind mittlerweile bereits sehr weit entwickelt und verschaffen Ihnen auf einen Blick eine hilfreiche Übersicht darüber, wie es um Ihre Reputation im Web aktuell bestellt ist. Auch das Verhältnis der positiven und negativen Beiträge zueinander wird in ein Verhältnis gesetzt, sodass Sie für Ihr Social-Media-Monitoring klare Zahlen bekommen.

Das sind die Kennzahlen im Social-Media-Monitoring
Wie misst man die Stimmung innerhalb einer Community? Auch dafür gibt es klare Kennzahlen, an die Sie sich halten können.

* Anzahl der Reaktionen (positiv und negativ)
* Anzahl der Follower
* Reichweite der Beiträge
* Views
* Anzahl der Aktionen (z. B. Käufe nach einem Posting)
* Post Topic Mix (Anteil der Reaktionen pro Thema)
* Erwähnungen in anderen Beiträgen
* Klicks auf einen geteilten Link
* ROI (Verhältnis vom Aufwand zum Nutzen)

Es existieren noch eine ganze Reihe weiterer Kennzahlen, die abhängig vom Unternehmen individuell definiert werden müssen. Wichtig für alle, die Zahlen lieben: Wenn Sie Budget in Social Media für Ihr Reputationsmanagement investieren, brauchen Sie in Fragen des Erfolges nicht auf Ihr Bauchgefühl zu hören. Es gibt klare Messwerte, anhand derer Sie feststellen können, ob sich Ihr Engagement auch positiv auf Ihre Reputation auswirkt.

3.2.3.4.2 Einsatz von Social Media im Reputationsmanagement bei IPO

Wenn Sie das Wort Social Media hören, ist bei vielen CEOs noch immer ein kurzes Zucken zu beobachten. Dabei ist es heute gar keine Frage mehr, ob Sie an Social Media teilnehmen, sondern nur noch wie. Social-Media-Management ist nicht nur Krisenmanagement, sondern vor allem die große Chance, mehr Nähe zu Ihren Kunden aufzubauen.

Aktive Interaktion mit der Community
Jedes Unternehmen steht unter dem Einfluss der sozialen Medien. Wenn Sie in der Suchfunktion Ihren #Unternehmensnamen eingeben, dann werden mit hoher Wahrscheinlichkeit Einträge erscheinen, die entweder von Mitarbeitern, von Kunden oder von der Presse verfasst wurden. Das ist eine unumstößliche Tatsache, die Sie nicht verhindern können. Die Einträge können dabei in alle Richtungen gehen, wohlwollend und werbend formuliert sein oder auch einen sehr negativen Blick auf Ihr Unternehmen werfen. In all diesen Fällen ist es wichtig, mit der Community zu interagieren und sowohl positive als auch negative Meinungen ernst zu nehmen. Bleiben Sie mit Ihren Followern im Gespräch. Sie schaffen damit den positiven Eindruck, dass Sie Ihre Kunden ernst nehmen. Außerdem ziehen Sie aus dieser Interaktion wichtige Erkenntnisse, die Sie für Ihr Qualitätsmanagement verwenden können.

Reaktionen zeigen
Für Ihre Reputation im Social Web ist es von enormer Bedeutung, dass Kommentare von Nutzern nicht einfach so verpuffen. Sie sollten eine Strategie entwickeln, mit der Sie zeitnah (!) auf positive und negative Kommentare reagieren. Letzteres ist entscheidend. Auch für nette Meinungsäußerungen sollten Sie sich Zeit nehmen und sich dafür bedanken. Das ist nicht nur wertschätzend, sondern Sie bestärken damit auch andere Nutzer, ebenfalls etwas Nettes zu schreiben. Hier lohnt es sich sogar, feste Mitarbeiter mit dem Monitoring zu beauftragen.

Zusammengehörigkeitsgefühl schaffen
Die sozialen Netzwerke schaffen die Möglichkeit, Menschen von überall auf der Welt miteinander zu vernetzen. Hier finden Menschen zusammen, die dieselben Interessen haben, die sich für ein Thema engagieren oder die schlichtweg von den gleichen Produkten begeistert sind. Dies schafft die besten Voraussetzungen dafür, eine Community zu erzeugen.

Gutes Tun
Beobachtet man das Engagement erfolgreicher Firmen im Social Web, dann fällt sehr schnell auf, dass viele davon nach dem Motto agieren: Tu Gutes und man spricht davon. Kleine Aktionen – zum Beispiel im Bereich des Ehrenamtes – sind nahezu ein Garant dafür, dass die Presse einen wohlwollenden Artikel schreibt und auch die Menschen in den sozialen Netzwerken gut über Sie reden.

3.2.4 Cybersicherheit

Unternehmen, die einen Börsengang planen, sind in aller Regel in Sachen IT-Sicherheit bereits gut aufgestellt und sich Gefahren von außen bewusst. Dennoch will ich an dieser Stelle kurz auf das wichtige Thema Cybersicherheit eingehen. Aus dem regelmäßig erscheinenden Trust Report [4], den das Unternehmen Mimecast herausgibt, geht hervor, wie relevant die Cybersicherheit für die Reputation und sogar den Fortbestand des Unternehmens ist. Zusammengefasst wird dies bereits aus dem vorangestellten Zitat des Mimecast-Berichtes sichtbar: „It takes years to build a brand. A cyberattack that exposes customer data or even simply paints the company in a negative light can cause catastrophic loss of trust in an instant." Es braucht Jahre, um eine gute Marke aufzubauen, aber ein einziger Cyberangriff, bei dem Kundendaten gestohlen oder das Image des Unternehmens beschädigt wird reicht aus, um einen katastrophalen Vertrauensverlust herbeizuführen.

---

[4] Mimecast: Brand Trust. One cyberattack is enough to lose consumer trust and custom. https://www.mimecast.com/globalassets/documents/reports/brand-trust-report.pdf. Zugegriffen: 05. November 2021.

Die Bitkom hat im August 2021 Alarm geschlagen und beunruhigende Zahlen und Prognosen veröffentlicht.[5] Demnach entstehen der deutschen Wirtschaft mehr als 220 Milliarden Euro Schaden pro Jahr durch Diebstahl, Spionage und Sabotage von Daten. Zum Vergleich: 2018/2019 lagen die Schäden noch bei 103 Milliarden Euro, also weniger als halb so hoch. Jedes zehnte Unternehmen sieht sich dadurch sogar in seiner Existenz bedroht.

Was bedeutet dies nun für Ihr Unternehmen? Leider gibt es keinen konkreten Maßnahmenplan, den Sie nur abarbeiten müssen, um Cybersicherheit in Ihrem Unternehmen herzustellen. Folgenden Ansatz können Sie dabei aber verfolgen.

Schritt 1: Sicherheitsrisiken identifizieren

Um erfolgreich in den Kampf um mehr Cybersicherheit zu ziehen, müssen Sie den Feind kennen. Daher sollten Sie zunächst genau überlegen, an welchen Stellen es – technische und menschliche – Sicherheitsrisiken gibt. Wo liegen die Schwachstellen in meinem Unternehmen? Die Analyse darf ruhig sehr detailliert erfolgen.

Schritt 2: Schaffen einer Sicherheitskultur

Wie gut wissen Ihre Mitarbeiter über die Sicherheitsrisiken in Ihrem Unternehmen Bescheid und was tun sie, außer regelmäßig die Firewall zu aktualisieren? Das Thema Sicherheit muss Teil der Unternehmenskultur werden. Die Mitarbeiter sollten ausführlich darüber aufgeklärt werden, was passieren kann, wenn Sicherheitslücken entstehen und welche weitreichenden Folgen diese für das gesamte Unternehmen haben können. Auf allen Hierarchieebenen sollten die Mitarbeiter dafür sensibilisiert sein.

---

[5] Bitkom: Angriffsziel deutsche Wirtschaft: mehr als 220 Milliarden Euro Schaden pro Jahr. https://www.bitkom.org/Presse/Presseinformation/Angriffsziel-deutsche-Wirtschaft-mehr-als-220-Milliarden-Euro-Schaden-pro-Jahr. Zugegriffen: 05. November 2021.

Schritt 3: Leitfaden für den Fall des Falles

Sollte es dennoch zu einem Sicherheitsvorfall kommen, muss klar sein, was zu tun ist. Denn im Worst Case bleibt keine Zeit, lange auf dem Problem herum zu kauen, es braucht schnelle Lösungen. Eine Anleitung für den Krisenfall sollte immer in der Schublade der IT liegen.

Zwingende Voraussetzung dabei ist natürlich, dass kleine und mittelständische Unternehmen sich nicht davor scheuen, in ihre IT-Sicherheit zu investieren. Wenn die IT-Abteilung Alarm schlägt und neue Programme benötigt, dann sollten diese schnell und unbürokratisch genehmigt werden.

Ihr Transfer in die Praxis

- Definieren Sie zuerst alle strategischen Schritte und legen Sie Verantwortliche fest.
- Nehmen Sie eine Vogelperspektive ein und behalten Sie alle Bereiche im Blick, die Einfluss auf Ihre Reputation nehmen.
- Verstehen Sie Reputation als Prozess und nicht als abgeschlossenen Maßnahmenkatalog.

Weiterführende Literatur

Köhler-Kaeß, H.: Burger-King-Restaurant verliert auf einen Schlag alle Mitarbeiter: Das ist der fiese Grund! https://www.tag24.de/thema/kurioses/burger-king-restaurant-verliert-auf-einen-schlag-alle-mitarbeiter-das-ist-der-grund-2042470. Zugegriffen: 15. Oktober 2021.

Bittlingmaier, T: Ein bedeutsamer Schritt: Vom Employer Branding zur Employer Reputation. https://www.haufe-akademie.de/blog/themen/personalentwicklung/ein-bedeutsamer-schritt-vom-employer-branding-zur-employer-reputation/. Zugegriffen: 15. Oktober 2021.

Montag, T. Was bedeutet Online-Reputation-Management? https://www.gruenderlexikon.de/checkliste/informieren/selbstaendigkeit-internet/online-reputationsmanagement/. Zugegriffen: 15. Oktober 2021.

Ikea mit unter Deutschlands besten Händlern. https://www.moebelkultur.de/news/ikea-mit-unter-deutschlands-besten-haendlern/. Zugegriffen: 29. Oktober 2021.

Online-Reputationsmanagement und Social-Media-Feedback erfassen. https://www.echobot.de/ressourcen-content/online-reputationsmanagement/. Zugegriffen: 29. Oktober 2021.

DATEV: Verhaltensregeln zum Thema „Social Engineering". Spezialausgabe: Leitfaden für Mitarbeiter. https://www.sicher-im-netz.de/sites/default/files/download/leitfaden_social_engineering.pdf. Zugegriffen: 05. November 2021.

Guelstorff, Dr. T.: IT-Sicherheit richtig kommunizieren – Ansatzpunkt Unternehmensreputation. https://digitaleweltmagazin.de/2021/09/09/it-sicherheit-richtig-kommunizieren-ansatzpunkt-unternehmensreputation/. Zugegriffen: 05. November 2021.

Friedrich, S. u. a.: Amazon: Der Vorgesetzte sieht alles. https://daserste.ndr.de/panorama/archiv/2020/Amazon-Der-Vorgesetzte-sieht-alles,amazon430.html. Zugegriffen: 05. November 2021.

Fatale Überwachung: Arbeitsbedingungen bei Amazon. https://taz.de/Arbeitsbedingungen-bei-Amazon/!5722884/. Zugegriffen: 05. November 2021.

Hielscher, h. u. a.: Warum der Onlineriese im großen Stil Waren zerstört. https://www.wiwo.de/my/unternehmen/handel/amazon-warum-der-onlineriese-im-grossen-stil-waren-zerstoert/22654830.html. Zugegriffen: 05. November 2021.

Fokus: Wie Schlecker mit einem Slogan auf die Nase fällt. https://www.focus.de/finanzen/news/wie-schlecker-mit-einem-slogan-auf-die-nase-faellt-for-you-vor-ort_id_2319548.html. Zugegriffen 07. Januar 2022.

4

Krisenmanagement: Was, wenn die Reputation ganz unten ist?

Was Sie aus diesem Kapitel mitnehmen

- Wie Reputationsschäden entstehen können
- Was Sie tun sollten, wenn Ihre Reputation in der Krise steckt
- Wie Sie ein sicheres Krisenmanagement etablieren

Die Reputation hat in jeder Hinsicht eine weitreichende Bedeutung für Ihre unternehmerische Zukunft. In dieser Konsequenz bedeutet das auch, dass ein Reputationsschaden zu einer existenziellen Bedrohung werden kann. In diesem Kapitel soll es daher abschließend darum gehen, was Sie bei einem Reputationsschaden tun können.

© Der/die Autor(en), exklusiv lizenziert an Springer Fachmedien Wiesbaden GmbH, ein Teil von Springer Nature 2022
V. Sünderhauf, *Quick Guide Online-Reputation in IPO-Prozessen*, Quick Guide, https://doi.org/10.1007/978-3-658-37417-4_4

4.1   Wie kann ein Reputationsschaden entstehen?

Von einem Reputationsschaden spricht man dann, wenn der gute Ruf eines Unternehmens geschädigt wurde. Dies hat meistens auch unmittelbar einen wirtschaftlichen Schaden zur Folge. Anhand der folgenden Merkmale können Sie erkennen, dass Sie „Opfer" eines Reputationsschadens geworden sind,

* Es treten vermehrt negative Meldungen über Sie im Internet auf
* Die Umsätze gehen plötzlich ohne erkennbaren Grund zurück
* Kunden kündigen vermehrt ihre Verträge
* Mitarbeiter kündigen ihre Verträge
* Der Kundenservice nimmt plötzlich verstärkt negative Anrufe entgegen

Im Online-Zeitalter zieht ein Reputationsverlust sehr schnell weite Kreise. Während früher meistens nur lokal getuschelt und berichtet wurde, kann ein einziges Facebook-Bild heute um die ganze Welt gehen. Dies belegt einmal mehr, warum es so wichtig ist, ein Frühwarnsystem für Ihre Reputation zu etablieren und gleichzeitig im Rahmen eines funktionierenden Reputationsmanagements prophylaktisch zu handeln.

4.2   Den Reputationsschaden identifizieren

In einigen Fällen wird ein Reputationsschaden sofort bemerkt, in anderen Fällen dauert es etwas länger: Bemerkt wird er aber immer. Vielleicht stößt ein Mitarbeiter zufällig auf negative Bewertungen im Netz oder im schlimmsten Fall wurde ein Shitstorm über verschiedene Kanäle gestartet. Im ersten Schritt sollten Sie zunächst identifizieren, um welche Art Risiko es sich handelt. Wurden Produkte Ihres Unternehmens schlecht bewertet oder ist Ihr Unternehmen durch eine Aktion in Verruf geraten? Ist bereits ein wirtschaftlicher Schaden entstanden und wenn ja in welcher Höhe? Auf all diese Fragen sollten Sie zeitnah eine Antwort finden, denn Negativschlagzeilen verbreiten sich wesentlich schneller als ein netter Bericht über die letzte Charity-Aktion.

Nachdem der Schaden identifiziert ist, geht es an die Schadens-begrenzung. Entwickeln Sie hierfür eine To-do-Liste, die möglichst schnell, aber vor allem professionell abgearbeitet werden sollte. Wichtig ist es, jetzt nicht überstürzt zu handeln und mit heißer Nadel PR-Meldungen zu stricken, die nicht gut durchdacht sind. Sollten Sie frühzeitig feststellen, dass der Reputationsschaden schon um sich gegriffen hat wie ein Lauffeuer, dann scheuen Sie sich nicht, die Sache an ein externes Unternehmen abzugeben, das sich professionell darum kümmern kann. Oftmals ist ein Blick von außen wesentlich aufschlussreicher, als wenn man mit der internen Brille durch die eigenen Gänge läuft und dort nach Schäden sucht.

4.3   Die Wiederherstellung der Reputation

Einen Reputationsschaden zu managen, ist immer ein zeitkritisches Unterfangen. Es gilt hier einen Kompromiss zu finden, um nicht vorschnell zu handeln, aber gleichzeitig auch nicht zu viel Zeit verstreichen zu lassen. Behalten Sie einen kühlen Kopf, entwickeln Sie eine Strategie und behalten Sie deren Erfolg immer im Blick. Mögliche Strategien zur Bekämpfung eines Reputationsschadens können sein:

4.3.1   Negative Beiträge im Internet löschen lassen

Machen Sie zunächst möglichst alle negativen Beiträge ausfindig, die im Internet über Sie existieren und fassen Sie diese zum Beispiel in einer Excel-Tabelle zusammen. Prüfen Sie jetzt, welche Einträge davon rechtswidrig sind, weil sie zum Beispiel falsche Tatsachenbehauptungen enthalten. Diese können Sie – notfalls mit anwaltlicher Hilfe – aus dem Internet löschen lassen. Anders ist es bei Beiträgen, die reale Tatsachen schildern oder die so geschrieben wurden, dass sie nur eine persönliche Sichtweise wiedergeben. In diesem Fall können Sie sich zwar die Mühe machen, die Seitenbetreiber anzuschreiben und sie um die Löschung der Beiträge zu bitten – dies wird aber erfahrungsgemäß nicht von großem Erfolg gekrönt sein. Suchen Sie stattdessen eher nach einer Möglichkeit, die Beiträge zu kommentieren und eine persönliche Stellungnahme zu hinterlassen. Stellen Sie falsche Wahrnehmungen richtig, erklären Sie, wie es dazu kommen konnte und zeigen Sie vor allem, welche Maßnahmen Sie bereits in die Wege geleitet haben, um die Qualität Ihrer Leistungen zukünftig zu verbessern.

4.3.2 Neue Inhalte schaffen

Wenn die Google-Ergebnisse auf den ersten Seiten von negativen Einträgen dominiert werden, dann hilft es nur, Feuer mit Wasser zu löschen und dem eine Menge an positiven Berichten entgegenzusetzen. Bringen Sie Blogs heraus, schreiben Sie Gastbeiträge, steigern Sie Ihre Aktivitäten im Social Web. Zwar werden die Einträge weiterhin aufzufinden sein, aber sie werden nicht mehr so prominent wahrgenommen, weil sie weiter nach hinten rutschen.

4.3.3 Suchmaschinenoptimierung

Neue Inhalte zu schaffen, ist das eine. Dafür zu sorgen, dass diese in Suchmaschinen auch tatsächlich gut ranken, das andere. Neue Beiträge sollten so verfasst sein, dass sie unter den gewünschten Suchbegriffen ganz oben in den Suchergebnissen ranken. Wichtige Begriffe in der Wiederherstellung der Reputation sind zum Beispiel der Firmenname oder die Marke in Kombination mit Begriffen wie „Erfahrungen", „Bewertungen" oder „Kundenmeinungen".

4.4   Eine gute Krisenkommunikation?

Wenn Sie mit dem IPO-Prozess starten, sollten Sie bereits ein sehr gutes Rüstzeug für den Krisenfall mitbringen. Doch wie kann ein solches Rüstzeug aussehen? Eine große Herausforderung bei einem IPO besteht darin, dass es oft mehrere Unternehmensstandorte gibt, die standortübergreifend zusammenarbeiten und einheitlich auftreten müssen. Längere Reaktionswege können an dieser Stelle ein Nachteil sein. Dank modernster Technik können sich aber alle Entscheider binnen kurzer Zeit zusammenschalten und über das weitere Vorgehen beratschlagen.

Wie eine Kommunikation in der Krise aussehen kann, muss im Einzelfall entschieden werden. es gibt allerdings einige zentrale Regeln, die eigentlich immer gelten. Eine davon lautet: Wer schweigt, hat Schuld. Wenn gegen Sie oder Ihr Unternehmen Anschuldigungen im Raum stehen, dann sollten Sie dazu auch Stellung nehmen – unabhängig von deren Wahrheitsgehalt. Wenn Sie versuchen, etwas auszusitzen, wird es erfahrungsgemäß immer schlimmer.

4.5 Was bringen Versicherungen gegen Reputationsschäden?

Tatsächlich gibt es Möglichkeiten, sich gegen einen Reputationsschaden zu versichern. Es gibt eine wachsende Anzahl an Versicherern, die eine Police gegen dieses unternehmerische Risiko anbieten. Wie funktioniert eine solche Versicherung genau? Als Berechnungsgrundlage dient das Konzept der Betriebsunterbrechungsversicherung. Danach wird der Gewinn ermittelt, der dem Unternehmen vermutlich durch den Reputationsschaden entgangen ist. Neben dem finanziellen Ausgleich des Reputationsschadens übernehmen einige Versicherungen auch die Beratungskosten, die für das Beheben des Problems erforderlich sind. Auch Kosten, die durch die Analyse und die Entwicklung einer Kommunikationsstrategie entstehen, können je nach Versicherung übernommen werden.

Ob eine solche Versicherung für das einzelne Unternehmen sinnvoll ist, muss immer von Fall zu Fall entschieden werden. Daneben lohnt es sich auch, Versicherungen gegen Cyberangriffe zu prüfen, da aus derartigen Angriffen ebenfalls in direkter Folge Reputationsrisiken entstehen können.

Ihr Transfer in die Praxis

- Einen Reputationsschaden immer ernst nehmen
- Bedacht, aber nicht überstürzt handeln
- Versicherungsmöglichkeiten über Reputationsschäden prüfen

Weiterführende Literatur

https://www.hiscox.de/glossar/reputationsschaden-versicherung/

https://www.agcs.allianz.com/news-and-insights/expert-risk-articles/global-risk-dialogue-reputational-risk-de.html

Montag, T.: Was bedeutet Online-Reputation-Management? https://www.gruenderlexikon.de/checkliste/informieren/selbstaendigkeit-internet/online-reputationsmanagement/#c3241. Zugegriffen: 05. November 2021.

Heller, D.: Positive Bewertungen kaufen? Das sollten Sie vorher wissen. https://business.trustedshops.de/blog/positive-bewertungen-kaufen/. Zugegriffen: 05. November 2021.

IONOS: Reputationsmanagement: Wie Sie sich von der besten Seite zeigen. https://www.ionos.de/digitalguide/online-marketing/verkaufen-im-internet/was-bedeutet-reputationsmanagement/. Zugegriffen: 05. November 2021.

Allianz. Hier kommen schlechte Nachrichten. https://www.agcs.allianz.com/news-and-insights/expert-risk-articles/global-risk-dialogue-reputational-risk-de.html. Zugegriffen: 05. November 2021.

Schlusswort

Der Gang an die Börse ist für jedes Unternehmen ein wichtiger Schritt, der sehr gut vorbereitet sein will. Insbesondere die Reputation spielt hier eine wichtige Rolle, denn Sie stehen als Unternehmen in der IPO-Phase im Rampenlicht der Aktionäre und werden genau durchleuchtet. Gerade jetzt kommt es darauf an, dass niemand Leichen im Keller hat, die am Ende den gesamten IPO-Prozess zum Scheitern bringen können.

Die größte Herausforderung für die Reputation stellt heute das Internet dar. Meldungen – seien sie nun richtig oder falsch – verbreiten sich in Sekundenschnelle im gesamten Internet und bleiben dort vermutlich für alle Ewigkeit. Es gilt: Prophylaktisch handeln statt nur reagieren. Warten Sie nicht darauf, bis sich Ihre Reputation von allein bildet, sondern ergreifen Sie die in diesem Buch genannten Maßnahmen, um sie aktiv zu steuern.

Eine gute Reputation bringt Ihnen am Ende immer mehr Gewinn, als sie Kosten verursacht. Beherzigen Sie den in diesem Buch mehrfach genannten Ratschlag, ein gutes Image von innen nach außen aufzubauen, dann wird Ihr Reputationsmanagement ein Selbstläufer. Das ist die gute

V. Sünderhauf, *Quick Guide Online-Reputation in IPO-Prozessen*, Quick Guide, https://doi.org/10.1007/978-3-658-37417-4

Nachricht: Ihre Investition wird sich auszahlen. Vorab müssen Sie aber bereit sein, zu investieren, den Finger in die Wunde zu legen und sich der ehrlichen Meinung anderer zu stellen. Ich wünsche Ihnen dafür ebenso viel Mut wie Erfolg im anschließenden IPO-Prozess.